U0895578

大师之声

第一卷

米歇尔 · 福柯

埃米尔 · 涂尔干

赛尔日 · 莫斯科维奇

图书在版编目(CIP)数据

大师之声. 第1卷/（法）福柯,（法）涂尔干,（法）莫斯科维奇著；张竝译. —南京：译林出版社，2015. 7

ISBN 978-7-5447-5227-5

Ⅰ. ①大… Ⅱ. ①福… ②徐… ③莫… ④张… Ⅲ. ①社会科学-文集 Ⅳ. ①C53

中国版本图书馆CIP数据核字（2014）第313604号

Cet ouvrage a bénéficié du soutien des programmes d'aide à la publication de l'Institut français.
本书由法国对外文化教育局版权资助计划赞助出版。

书　　名　**大师之声　第一卷**
作　　者　[法国] 米歇尔·福柯　埃米尔·涂尔干　赛尔日·莫斯科维奇
译　　者　张　竝
责任编辑　宋　旸
原文出版　Editions EHESS
出版发行　凤凰出版传媒股份有限公司
　　　　　　译林出版社
出版社地址　南京市湖南路1号A楼，邮编：210009
电子邮箱　yilin@yilin.com
出版社网址　http://www.yilin.com
经　　销　凤凰出版传媒股份有限公司
印　　刷　江苏凤凰新华印务有限公司
开　　本　880毫米 × 1230毫米　1/32
印　　张　6.75
插　　页　7
字　　数　104千
版　　次　2015年7月第1版　2015年7月第1次印刷
书　　号　ISBN 978-7-5447-5227-5
定　　价　32.00元
译林版图书若有印装错误可向出版社调换
（电话：025-83658316）

总目录

♦美丽的危险♦

米歇尔·福柯与克劳德·波纳伏瓦对话录

目 录

序　言
体验话语

纪念阿兰·科隆贝克（Alain Crombecque）

在福柯思想的接受史上，出现了一系列事件，其中较不显眼的是路易·阿尔都塞出版了《来日方长》[①]这件事，这些事均有助于持续改变对写过《古典时代疯癫史》（*Histoire de la folie à l'âge classique*）的福柯之著作的阅读方式，且可以更广泛地去研究他的思想。一方面，1995年出版的几卷本《言与文》[②]更是突出了福柯的话语：突然之间，这位法国讲师拥有了极为全面的、已经出版的、汇编而成的各类话语，其中有些是研讨会纪要，有些是对话录或其他类型的公开展现的文字。这种汇编、翻译及编纂的做法有助于生成一个对很多

① 路易·阿尔都塞，《来日方长》（*L'avenir dure longtemps*，Paris，Éd. de l'IMEC-Stock，1992）。

② 米歇尔·福柯，《言与文》［*Dits et écrits*，Daniel Defert，François Ewald et Jean Lagrange（eds.），Paris，Gallimard，1995，4vol.］。

人来说都未曾见过，对另一些人来说已然遗忘和压抑的形象，这是一个投身其间的思想家创造出公共空间内话语表达形式的形象，也是持续批评自身思想的形象。另一个福柯与身为书籍作者的福柯并驾齐驱，虽然这只是昙花一现的行为。这位哲学家研究活动中的双重性给人的启示，其接受效果特别令人感兴趣：尤其是特殊知识分子这一概念得到了实现，许多人都说该过程始于皮埃尔·布尔迪厄[①]。圆桌会议纪要和对话录的出版使得福柯的主要概念经由同时代的热心人士（比方说，参与诸如国际社会论坛或要求获得性身份的那些人士）的努力，得到了远距离的接受。

随后，福柯1997年开始在法兰西学院（1971—1984）授课的讲课稿以“高等研究”丛书的形式出版，在全世界范围内得到了译介，自1984年福柯身故起，他的此类作品数量便逐渐增多；直到那时，其中的某些讲课稿还是以磁带或翻录的形式流传，教授福柯还会被人看轻，不被人重视，或者相反，某些了解他的人会在小范围内分享他的思想；讲义的出版猛然中

① 福柯对布尔迪厄的影响特别体现在“行动动机”（Raison d'agir）这一政治方案中，这位社会学家本人也好几次强调自己所受的这种影响。可特别参阅皮埃尔·布尔迪厄，“哲学、科学、介入”，见Didier Eribon（eds.），《不可长与来往的米歇尔·福柯：批判思想的复苏》（*L'infréquentable Michel Foucault. Renouveaux de la pensée critique*，Actes du Colloque au Centre Georges-Pompidou，21—22 juin 2000，Paris，EPEL，2001，pp.189—194）。

断了这一进程，既让所有那些没听过他课的人，也让21世纪初的所有读者，不止于去了解他的课，了解他的讲义，他著作的出版也不止于在弘扬过程中完成教学使命。随着“何为介入”这一问题的提出，又加上了一个新问题：“何为教育？”

更有甚者，这一出版界的双重事件突然之间向所有人强调，并让所有人都认识到这位哲学家在其行进途中倾尽心血的那些话语，竟有着极其独特的多样性，正因其多样性，他对演讲的倾注才具有如此大的力量。换句话说，这不仅表明福柯精通话语的策略，而且还在着力寻觅话语的伦理，在他身上，这样的研究始终在进行。对这一进程的最漂亮的证言无疑在于，在其最后一个教学目标中，他提出了一个哲学问题，即“讲真话”。我们认为，和批评家克劳德·波纳伏瓦的对话就被置于这样一个矩阵中：尚未出版《词与物》(*Les mots et les choses*)，福柯就着手体验起了语言。

这一如何掌握话语的实践让人想起了克劳德·莫里亚克，后者在其杂志中犹如出色的编年史家，修复了电话交谈、对话、晚宴或集会上的话语[①]。在福柯那儿，此种实践也很独特，而且他掌握起来也往往得心应手。福柯曾经仔细构思过

---

① 克劳德·莫里亚克，《静止的时间》(*Le temps immobile*)，III，《正如希望是暴力的》(*Et comme l'espérance et violente*，Paris，Grasset，1976)。

语言的行为地理学，像让—保罗·萨特[①]、埃马纽埃尔·列维纳斯，甚或雅克·德里达就和他截然不同。福柯与站在木桶上对着工人讲话的哲学家也不同，他使用的话语有时候当然会和20世纪60年代法国知识分子特有的方式相吻合，但最重要的是，他的专门研究领域乃是哲学。谈论福柯，可以置身于他的那些言说的范畴之内，也可以不这么做，但不管怎么说，都得以相同的方式将此种实践以问题的形式提出来。如此一来，我们也就明白了为什么当今的编剧和喜剧演员都会对福柯感兴趣[②]。对福柯而言，讲话就是不停地再创造出一个新的剧场，一个彻底政治化的剧场。

这种声音的地理学，亦即“测听术”（audiographie），是由截然不同的一幕幕公共话语构成的，可通过其规模，简短扼要地给出其类型。首先是可观的各种教学活动（研讨班、讲课、交流、会议），其次是科学与政治讨论（圆桌会议、对话、交谈、聊天），再是宣言（参加会议、游行、集会，但不含政治论争，在这一点上，福柯毫不通融），最后是义务性的讲话（教师资格会考培训时上的大课、面对委员会的试讲、召见，甚至是审讯）。

---

① Jeannette Colombel，“诗 学 对 位 法”，《批 评》（*Critique*，pp. 471—472，août-septembre 1986）；同上，《米 歇 尔· 福 柯》（*Michel Foucault*，Paris，Odile Jacob，1994）。

② 我们可举F71剧团为例，2009年，该剧团以其对福柯及其政治话语的展现，而获得奥德翁剧院青年奖。

这种测听术也有专门的场所。料想得到，某些肯定是在机构里：如大学的阶梯教室或广播电台演播室；有的则毫不搭调：我们难道不记得有一次关于知识分子与权力的对话就设在巴黎吉勒餐厅（Gilles et Fanny Deleuze）的厨房里吗？福柯与莫里斯·克拉维尔的讨论则跑到了韦兹莱隐修院？还必须提一下那些街道，比如查理三世时期囚徒暴动后南锡的那条街道，或像金滴街这样的巴黎斜坡马路。

在本书中，福柯与《艺术》（*Arts*）杂志的文学批评家克劳德·波纳伏瓦分几次见面，并对后者的问题作了答复；这几次见面发生在1968年的夏秋之交，很有可能是在芬利博士路的福柯家，而不是在伏吉拉尔路的公寓里，从突尼斯返回后，他就不在那儿接见客人了。这些会面中翻录的第一次交谈内容就是本书。

该地理学在档案里留下了或多或少的痕迹。此处指的就是记录在磁带上的原生的内容（比如，他在巴西、日本和加拿大参加会议的纪要，尤其是法兰西学院的讲课稿）或由福柯确定的文本（《言与文》中搜集起来的无数对话），另有讲话的翻录稿，更有亲历者所记的笔记，通常都是学生所记，如福柯在乌尔姆路上的高等师范学院当辅导教师时的讲课稿，或只是福柯在讲话时的一张照片，可是他在照片里永远发不了声：有一张有名的照片，摄于1971年，相片上的这位哲学家正在金滴路上，手握麦克风，旁边围着克劳德·莫里亚克、让·杰内和格鲁克斯曼。有时候，没有丝毫踪迹，话语归于沉寂，就像20世纪60年代在布加勒斯特那次，或1969年在索邦大学的那次[①]。福柯那次在法庭上说了些什么呢？反正从今往后是再没人知道了。和波纳伏瓦的交谈就是从档案的这个角度切入的，是个很有意思的例子。在米歇尔·福柯中心协会（Association pour le Centre Michel Foucault）的档案中，就保存着本次谈话的打字文稿。这份翻录件很有可能是由克劳德·波纳伏瓦亲手输入的，福柯未作任何修正或添加。磁带已了无踪影，声音也已沉寂。2004年，恰逢福柯故去二十周年之际，福柯工作室与法兰西广播电台协办了两场晚会，展现了本次谈话，策划者是我们和阿兰·科隆贝克及达尼埃尔·德费尔；法兰西喜剧院的院士埃里克·吕弗替福柯配音，皮埃尔·拉曼代则替波纳伏瓦配音。该讲稿的录音已于同年在伽利玛出版了CD版。《世界报》则用一整本副刊专门报道了2004年秋季的这场盛会，本次翻录稿的最初几页已与福柯的同代人为其拍摄的照片一起刊发了。

① 参阅《米歇尔·福柯：特殊的一日》（*Michel Foucault. Une journée particulière*, Photographie d'Élie Kagan, textes d'Alain Jaubert et Philippe Artière, Lyon, Ædelsa Éd., 2004）。亦可参阅 www.michel-foucault-archives.org。

这些档案极为相异，常常还很简练，只是勾勒出一幅不太应景的草图，但与福柯的规划联系得还是很紧密的。在知识分子福柯的心路历程中，不言而喻的是这些语言事件的名称均与他的人生轨迹有关联，而且嵌录于历史的前后背景中，因而照亮了这条轨迹。因此，必须记住的是，1968年前后的几年是一个极为特殊的时期，出现了学生、工人占据话语权的密集潮流，而知识分子话语的占据潮也是不遑相让①。

我们认为，在福柯的这种情况中，有两次实践堪称典范：一次是媒体演讲会，一次是本次交谈。福柯在好几本书里通过引入对话，比如《知识考古学》(*Archéologie du savoir*)的结尾，中断了单义的言说，对此种方式，应该会有很多话可说；还应该分析他在法兰西学院授课时所用的方式，他采用了某种招式，还不无乐趣地高声宣讲自己的所见所闻，最后，还应该研究一下20世纪60年代哲学家为法兰西文化广播频道所作的单人广播节目②。如果说我们已经研究了这次对话和那次媒体演讲会，那是因为其中涉及到了两种可从中选出规则的实践活动，还因为这其中也完美地体现了他同克劳德·波纳伏瓦共有的那次体验。福柯并未去发明创造如何占据话语

---

① Michel de Certeau, *La prise de parole*, Paris, Éd. du Seuil, 1994.

② 广播内容，请去听《乌托邦与异托邦》[*Utopie et hétérotopies*, Daniel Defert (eds.), 1CD, Paris, INA, 2004]。

权的策略,而是颠覆了这种做法。

本次会谈的内容出版之后过了几年,突然出现了媒体演讲会的实践,1971 年至 1972 年期间,当时,福柯参加了监狱信息团体(Groupe Informations Prisons,简称 GIP)。该组织致力于以战斗的形式获取信息,既然极左派的几大政治组织已遭政府解散,那它便在 1968 年后法国的压抑环境之中占据了一席之地[①]。福柯不顾病痛,亲自跑到各所监狱前,和那些家庭对话,跑到郊外的居民区和太阳剧团的喜剧演员们一起演戏。在这次介入中,福柯操练了话语,这在他而言可是从未有过之事,而哲学也得到了操练[②]。

媒体演讲会并不属于这些实验性的实践活动;召开这样的会议有许多条条框框;究竟由谁来占据话语权常由当局来安排,他们会让这些演讲轮番上阵。记者都是由部长或共和国总统召至媒体演讲会的。在这种会议上,一名或数名要人会向记者讲话,告诉他们发生了什么事件,情势如何,经常都是分两步走:先是演讲者宣讲,然后是和听众的对话。用的资料都是千篇一律的,而且总有说教的成分在里面。演讲者坐

---

① 菲利普·阿尔提耶(Philippe Artières),Laurent Quéro,Michelle Zancarini-Fournel,《监狱信息团体:战斗档案,1970—1972》(*Le Groupe d'information sur les Prisons. Archives d'une lutte, 1970—1972*, Paris, Éd. de l'IMEC,2003)。

② François Boullant,《米歇尔·福柯与监狱》(*Michel Foucault et les prisons*, Paris, Puf,2003)。

于桌子后方，常常是高高在上，而听众则坐在椅子上，面对着他。这种场合下，说话权因有形的掌控而更形加剧。1971 至 1972 年授课时，米歇尔·福柯也恰恰处在这样的布局中，那时候，他获得了法兰西学院的席位。在上演这种话语权时，这位哲学家至少有三次颠覆了它。

他于 1971 年 2 月 8 日参加了第一次媒体演讲会，陪同者有让—玛丽·多梅纳希 (Jean-Marie Domenach) 和皮埃尔·维达尔—纳盖 (Pierre Vidal-Naquet)。正是在这次演讲会上创立了 GIP。该团体的宣言先是被朗读，随后被广泛刊登在法国的报刊媒体上。这份通告成了由蒙帕纳斯车站内圣贝尔纳礼拜堂组织的本次媒体演讲会的一部分，组织者是身陷囹圄的毛派鼓吹者，他们都行动了起来，经过长达数周的战斗，终于获得了政治犯的地位，要求得到满足，从而宣布绝食结束。因此，这次占据话语权的运动战胜了司法部部长勒内·普列旺 (René Pleven)，后者占据了并非中立的位置，而礼拜堂这样的宗教场所则是另一个占据话语权的地方。可是，福柯究竟做了些什么呢？他参加了这次媒体演讲会，但不是为了使之转向，也不是为了去收复它，而是为了延长其寿命。他没让那里成为展示的场所，宣告的空间，而是使这一时刻广受关注。他指出已经发起了对监狱的调查，以了解里面发生了什么，情况究竟怎么样等。他以胜利的口吻，用感叹加疑问的口气将许多问题如连珠炮般地抛出。可以说，这次媒体演讲会颠倒了，演讲人在向观众席提问。讲话的这个人并不陈述任何真相，他考问的乃是证据。

1971年，媒体演讲会几个月后，即6月21日于大学的阶梯教室举办的那次，具有截然不同的性质。这次，福柯不在受邀之列，而成了召集者。会上很快就讨论起饶贝尔事件。饶贝尔是《新观察家报》的记者，1971年春，他在巴黎参加安的列斯人的游行，去救助游行队伍里一个受伤的外国人时，被游行队伍外的警察痛打了一顿。在他遭拘捕获释后，成立了一个非官方的调查委员会，试图搞清楚那一天究竟发生了什么事，因为内政部部长说当时是饶贝尔羞辱攻击了警察。各刊物的记者与《费加罗报》、《世界报》、《新观察家报》的记者、律师及好些知识分子，包括福柯，都加入了委员会。6月21日的媒体演讲会是继几星期前在雅克·拉康家举行的第一次演讲会后举办的，那次会议宣布成立了委员会，而在这次大会上，登台演讲的有四个人：克劳德·莫里亚克、人权联盟律师德尼·朗洛瓦(Denis Langlois)、吉勒·德勒兹和米歇尔·福柯。值此之际，还出版了一本小册子，除了几张照片之外，小册子都是关于本次事件的档案资料。演讲者并未仅限于揭露官方操纵信息的行为，还作了分析，指出经由内政部长发布的公告，话语权是如何受到操控的。四个人语带讽刺，条分缕析地阐释了一番，将掌控话语权的独断专行的机制拆解得体无完肤。他们用证人的集体话语来反对内政部长的说辞。

此次事件过去差不多六个月后，一系列暴动又撼动了监狱体制；1971 年 12 月，图尔的内伊中央监狱首燃烽火，之后，法国二十多所监狱紧跟其后，囚犯们起而举事，占据监狱屋顶达数小时，并高呼口号，苦陈恶劣的拘押条件。囚犯讨论了自身所处的境遇，全体动员，草拟诉状，不断有人出来作证。他们占据了话语权。1972 年 2 月 17 日午后将近，在位于旺多姆广场的司法部大厅内，GIP 未经批准即组织了媒体演讲会，这次大会犹如舞台，上演了一场闻所未闻的大戏；福柯的发言是宣读默伦中央监狱囚犯所写的一篇文章。换句话说，在陈述法律的这个空间内，内政部长和哲学家都让人听见了迄今为止一直压抑着的那些人的声音。他并非以那些人的名义而说，也不是为他们代言：他只是让自己成了传声筒。

福柯以对话的形式再一次针对话语的操练作了实验：我们知道在 20 世纪 60 年代末福柯回法国之后，在长期流亡瑞典、波兰、德国，最终是土耳其之后，无论是法国还是外国，让他出来讲话的人都有很多①。他经常接受这些请求,就此阐明自己采取的手段,自己的立场,自己在报纸和杂志上所做的工作。然而,在无数次谈话中,有四次较为突出,因为它们构成了真正的话语体验,而且其目的都是为了抛弃哲学家所占据的权力身份。

随后的一次对话开启了这一系列。就在米歇尔·福柯最终写完《知识考古学》之时,克劳德·波纳伏瓦向他提出了在贝尔丰出版社出版一本对话录的建议。当时,福柯很想阐释一下自己所采取的方式,便欣然接受了。但交谈了几次之后,波纳伏瓦将这些对话引入了另一个视角,福柯对此持相当保留的态度:前者想揭示“壁毯的背后”,想触及《疯癫史》的作者与文字之间保持了何种关系。因此,在十几次交谈的过程当中,福柯实践了一种前所未闻的话语,一种自传体式的话语。这种作者内心针对自身的话语也致使两人之间的口头交流发生了变化,起初他们之间应该是传统风格的交谈,现在则有所变动。为了反思自己工作的方式,为了说明**写作**(écrivant)的种种困顿,福柯采纳了一种闻所未闻的方法,一种崭新的语言。换用这种体验的措辞来说,他转变之后,很高

① 菲利普·阿尔提耶,“脚手架的种类”,《杂志中的杂志》(*Les Revue des revues*),30,2001。

兴终于能创造出一种言说的类型，这种类型既非交谈，亦非“抒情的独白类型”。

随后，《拱门》(*Arc*)杂志希望吉勒·德勒兹出一期专为20世纪60年代初而写的专号，于是德勒兹便邀请米歇尔·福柯共同讨论。这次讨论其实就是米歇尔·福柯与这位当代哲学家之间的一次对话——如果不包括在荷兰电视台摄影棚内与诺姆·乔姆斯基之间的辩论的话，但这次对话事实上并不成功，而是成了两场彼此平行的独白。这次对话的好处是，它就是一次名副其实的思想操练。德勒兹和福柯是通过声音来思考，但并非就某篇文章或某幅画作而想，而是就他们两人之前刚在GIP内部以及其他动员大会上所获得的那种体验而思。虽然他们各自都能谈谈自己在公共空间介入方面的工作，但他们仍按照自己的体验共同对理论与实践之间的崭新关系作了规定。他们的讨论并非简单的观点碰撞，而是对正在发生的事情做出诊断；交谈在此转变成了可生产出崭新概念的对话。

好几年后，福柯实验了另一种交谈的形式，就像克劳德·莫里亚克在《莫里亚克与儿子》(*Mauriac et fils*)一书中所做的那样，这种形式很像柏拉图式的对话，但迄今为止仍鲜为人知。无论如何，这些对话仍于1978年出版了，作者是提耶里·丰策尔，克劳德·莫里亚克作序[①]。只是书上没有福柯的名字：他是向提耶里·丰策尔提问的那个人，问的是1976年记录这次对话时，这位年方二十的年轻人的种种体验。通过一些极其直截了当的问题，福柯与这位年轻的同性恋者就他的经历、纠葛和性欲作了对话。因此，福柯在此将格局倒转了过来，好让自己引领这场对话，他对让话语"极端自由"的体验充满了激情。

毫无疑问，此种匿名的体验与1980年2月福柯的选择产生了联系，当时，他接受了克里斯蒂安·德拉坎帕涅（Christian Delacampagne）的请求，为《世界报》做专访，但有个条件，就是上面不能出现自己的名字。达尼埃尔·德费尔指出，哲学家的身份隐藏在刊于1980年4月6日的那期专访的背后，直到福柯死后才为人所知。通过这种抵消名人效应的举措，福柯希望致力于这种间接化的方式，来更好地让位于思想的争鸣。确实，他反对拥有思想的作者用自己的名字进行遮掩，以及这种境遇创造出的种种不可能性。福柯，正如他好几次所说的，他写作就是为了不再留下面孔；可是，他在20世纪70年代末观察到，无论在法兰西学院还是在他的介入过程当中，这样的目标正变得愈来愈难以实现：他的形象正在变成思想

① 提耶里·丰策尔，《二十年及以后》（*Vingt ans et après*），Paris，Grasset，1978。

大师的形象。如今，他已成为他如此频繁抗争之态的猎物。匿名和用笔名就是这位哲学家针对自己的明星地位所采取的一种方式。因此，在《精神》(*Esprit*) 杂志关于“围绕监狱的斗争”召开圆桌会议期间[①]，福柯就用了阿佩尔 (Apert) 这个笔名，此人是 19 世纪监狱的慈善家，是 1836 年著名的巡视法国监狱活动的发起人。他渴望离开法国也同样源于这种对形势的评定。故而，这一切发生得就如同福柯力争通过遮蔽的对话重新找到未受破坏的话语中的某些东西一样，差不多十二年前，他和克劳德·波纳伏瓦所作的实验就有这样的激烈性。

因为，毫无疑问的是，某种绝对闻所未闻的东西就在哲学家和批评家之间的交流中得到了表达。这场事件之所以堪称独特，乃是因为福柯让自己坠入了危险之中。

菲利普·阿尔提耶

罗马，2011 年夏

① “围绕监狱的斗争”，《总是监狱：精神》(*Toujours les prions: Esprit*)，1979 年 11 月，pp.102—111，在米歇尔·福柯的《言与文》中经常提及，n°273。

原编者按

这篇文本是该对话录入稿的第一部分。对话的时间在1968年夏秋之间，是专为贝尔丰出版社出书而做的。后来，该项目遭弃。该文本当时定稿的条件并不为人所知；很有可能，正是克劳德·波纳伏瓦做了录入。打字稿的错误或不确之处均已得到校正。

在此鸣谢福柯家人，波纳伏瓦夫人以及达尼埃尔·德费尔的慷慨相助。

Ph. 阿尔提耶

米歇尔·福柯与
克劳德·波纳伏瓦的对话，1968 年

克劳德·波纳伏瓦：米歇尔·福柯，我并不想在这些对话中让您重说您已经在自己的书里表达得很清楚的东西，也不想迫使您再一次去评论自己写的书。我希望这些对话即使不是全部，至少是大部分在您的书里处于边缘地位，这样我们就能从中发现背面的东西，就好像发现它们隐秘的脉络。首先，我感兴趣的是，您与写作的关系。但我们已经处在悖论当中了。我们应当谈论的是写作的问题。因此，我觉得有必要事先提一个问题：您是如何处理这些您慷慨地允许我向您提出的问题的，或者这样说吧，您在接受采访之前，是如何设想这种类型的对话的？

米歇尔·福柯：我先要对您说的是，我这人会怯场。实际上，

我并不太清楚自己为什么会对这样的对话感到担心，为什么害怕自己无法坚持到底。在这么思考的时候，我自问是否和以下原因有关系：也许因为我是大学老师，说话的时候有一定的条条框框，必须照着规则来。我写的一些东西，是专门用来构成文章、书籍的，不管怎么说，反正都是用来构成推论性的、阐释性的文章的。我会使用一种合乎规定的话语，那就是教学用语：就是用来对听众讲的，要让听众理解某些东西。最后，还有另一种合乎规定的话语，就是报告，会议上的发言，是在公开场合说的，或讲给同等背景的人听的，必须解释自己的工作和研究状况。

至于这种类型的对话，呃，我承认自己并不熟悉。我觉得许多人在话语世界里比我更如鱼得水，对他们来说，话语的宇宙是一个自由的宇宙，毫无阻碍，没有事先存在的规章制度，没有疆界，没有限制，可以随心所欲地交谈，不用急于知道这是什么样的对话，或自己得说些什么。我觉得他们已经被语言渗透，麦克风的存在、提问者的存在，今后由他们说的那些话语构成的书的存在，都不会对他们造成多大的影响，在这个向他们敞开的话语的空间里，他们会觉得特别的自在。而我，则完全不是这样！我会寻思自己究竟应该使用哪种类型的话语。

波纳伏瓦：好，那就让我们共同来发现它吧。

福柯：您对我说过，在我们的对话中，不会去重复我在别处讲过的内容。我认为自己无法严格地做到这一点。不过，您向我要求的，并不是倾诉，不是我的生活，也不是我的体验。因此，我们两个人必须去寻找一种语言、话语、交流、沟通的层级，它既无关作品，也无关阐释，更不是什么知心话。那就让我们来试试吧。您说的是我与写作的关系。

波纳伏瓦：当我们读《古典时代疯癫史》（以下简称《疯癫史》）或《词与物》时，觉得很震撼，因为我们看见了一种极端精确、极富洞察力的解析性的思想，而它的基础就是写作，其回肠荡气之处并不仅仅专属于哲学家，而是与作家有关。在那些有关您作品的评论文章中，人们找到了各种独属于您的观念、概念、分析，但独独没有提到那种让您的著作拥有更大维度的震颤感，您开启的并不仅仅是某个推论性的写作场域，而是文学写作的场域。阅读您的作品，我们就会有种印象，即您的思想与既严苛又抑扬顿挫的表达形式是难以分割的，如果语句没有这种节奏，如果它没有被这种节奏所支撑，并未随着这种节奏发展的话，那思想也就会显得不精准。所以，我想知道写作这件事对您来说究竟代表了什么。

福柯：首先，我想就此明确一点。从我个人来说，我对写作神圣的那一方面并不特别痴迷。我知道如今许多投身于文学或哲学的人都能体会到那种神圣感。毫无疑问，在西方，从马拉美开始，写作就拥有了神圣的维度，这是一种关乎自身的，而非外在的活动。写作是凭着自身而树立起来的，并不是为了去述说、去证明，或为了去教授某样东西，而是为了立于彼处。这种写作，从某种意义上说，在当今这个时代，堪称语言存在的纪念碑。我得承认，我的亲身体验完全不是这么回事，对我来说，写作就是呈现而已。针对写作，我一直持一种近乎伦理的不信任感。

波纳伏瓦：您能解释一下这一点吗？告诉我们您究竟是如何触及写作的？我要提醒您的是，我感兴趣的是写作的米歇尔·福柯。

福柯：我的回答可能会让您有些吃惊。我会对自己（我很高兴和您一起来）做一个实验，它和我对其他人做的实验截然不同。我在讲起一个作者的时候，总是试图不去考虑他生平中的种种因素，也不会去留意其社会与文化背景，他出生在什么样的环境里，在何种知识领域内成长。我总是会试图将人们通常所说的心理状况撇开不谈，只是使他像一个开口说话的纯粹的主体那样来运作。

事实上，我会利用您向我提问题的机会，来表明自己正好截然相反。我会推翻先前的观点。我会反对自己，颠倒自己在说到其他人时，就言说的意义所持的观点。我会试图向您说明，在我的生命过程当中，写作对我来说究竟意味着什么。让我一直以来最为萦怀的是（当然不是指最早出现的，而是指固执的程度）在写出好文章时所碰到的困难。从我们上小学时所理解的角度来看，写出好文章就是指要让一页页文字可读性强。我认为，甚至可以肯定，我在班上，在学校里，都可以说是写得不忍卒读。这种状况持续了好长一段时间，直到上中学的头几年为止。上六年级时，别人让我要写得特别，这就让我不知如何动笔了，不知如何把文章一笔一画地好好写出来。

因此，我和写作之间的关系就有点复杂，有点负载过多了。还有一件难忘的事，发生的时间更近。事实情况是，我从来没把写作、写文章这种行为太当回事，特别想写作的情况到我近三十岁的时候才出现。当然，我也学习过人们所谓的文学。但研读文学作品（习惯于解释文本，写论文，通过考试），再怎么样，都没让我产生对写作的爱好。而是恰恰相反。

为了能够尽可能地发掘写作的乐趣，我就必须成为异乡人。当时，我在瑞典，必须要用我掌握得很差的瑞典语来说话，要不就是用说得很费劲的英语来交流。我对这些语言所知甚少，这样一来，在好几个星期、好几个月，甚至好几年里，我连自己想要什么都说不清楚。当我说这些语言的时候，就发现我想要说的这些语言在我面前竟乔装改扮，简化成了嘲弄人的小木偶。

在我发现自己没法用好母语时，便发现首先，它厚实、坚固，虽不仅仅像我们呼吸的空气那样，却又有着绝对察觉不到的透明度，其次，它还有自己的法则，有自己的通道，自己的捷径，自己的谱系，自己的嗜好，自己的棱纹，自己的粗糙，简而言之，它有自己的面貌，形成了自己的风景，你大可以在里面散散步，在词语的蹊径当中，在语句的周围，会猛然发现先前从未出现过的那些观点。在我只能用陌生的语言说话的瑞典，我才理解自己所用的语言有着颇为独特的面貌，我能栖息其间，把它当作我的居所中最隐秘，却又最牢靠的所在，这一无所在的所在，就是由我身处的异国他乡构成的。最终，我们能行走其上的唯一真实的国度，独有的花岗岩，我们能停留其间、居停其间的住所，恰恰就是语言，是我们孩提时代就已习得的语言。于是，对我来说，就是要去复活这门语言，要去建造一所语言的小屋，而我就是这屋子的主人，对它的角角落落我都能了如指掌。我认为就是这一点让我很想去写作。说话的可能性被我放弃了，于是我发现了写作的乐趣。在写作的乐趣和说话的可能性之间，存在着一种难以兼容的关系。在难以说话的地方，就会发现写作隐秘的、艰辛的、有那么点危险的魅力。

波纳伏瓦：您说过，很长一段时间以来，写作对您来说并不见得是一项严肃的活动。为什么？

福柯：是的。在有了这个体验之前，写作对我来说都不是什么很严肃的事情：它甚至是一件相当轻浮的事情。写作，就是自命不凡。我心想我贬低写作是否出于自己孩提时代价值体系的问题。我属于行医阶层，即那种外省的医生阶层，就那种小城昏昏欲睡的生活而言，这个阶层的适应性无疑相对更强，或者按照人们的说法，就是更进步。但不管怎么样，通常来说，特别是外省的医生阶层，都是相当保守的。这个阶层还停留在19世纪。应该用社会学的方法来好好地研究一下法国外省的医生阶层。我们会发现在19世纪，医学界，更确切地说，业界的医生正在资产阶级化。在19世纪，资产阶级在医学中，在对身体和健康的忧虑中，找到了一种日常的唯理论。从这个意义上来讲，我们可以说医学唯理论正在替代宗教伦理。19世纪的医生曾说过这样一句极其深刻的话："在19世纪，健康已取代了救赎。"

我认为医生就是这样形成的，变得日益去神圣化，他代替了教士，在自己周围聚集了18和19世纪外省的、农民的、小资产阶级的所有古老的信仰和迷信，并使之理性化，我认为这样的人物至今仍是固化不变的，和那个时候颇为相像。我就成长在这样的阶层中，在这个阶层里，理性几乎总是带有威力无穷的魔力，在这个阶层中，这些价值观都是和写作的价值观唱反调的。

因为，医生(特别是外科医生，我就是外科医生的儿子)是用不着讲话的，他只要倾听就行了。他会倾听其他人的话语，不会把那些话太当回事，不会去理解那些话想要表达什么意思，但会透过它们捕捉到恶疾的症候，也就是指身体疾病、机体疾病的症候。医生倾听，是为了透过他人的话语，与那人身体沉默的真相相逢。医生并不讲话，他只会行动，也就是说他会触摸，他会介入。外科医生会发现沉睡的身体的病变，他会打开身体，再把它缝好，他会做手术；所有这些都是在沉默不语中，在尽可能不说话中进行的。他说的唯一的几句话，就是言简意赅的诊断和治疗用语。医生讲话，只是为了用一个词来说出真相，开具处方。他说出疾病的名称，开具处方，仅此而已。就此而言，医生的话语特别的稀少。毫无疑问，在古时候的临床医学实践中，话语的功能就这样贬值得很厉害，很长一段时间以来，这对我影响很大，直到十年、十二年前，对我来说，话语永远都是空谈。

波纳伏瓦：您在刚开始写作的时候，完全颠覆了这种最初贬低写作的观念。

福柯：颠覆显然来得更早。但人们写自传总喜欢停留在庸俗的逸闻趣事上，因为这样才能让人有兴趣停下来。有人说我花了很长时间才终于赋予了如此贬值的话语以某种价值和某种存在的模式。目前，我所关心的问题，事实上也是这十年我一直关心的是：在像我们这样的文化中，这样的社会中，话语、写作、言说的存在究竟有何意义？我觉得我们从来就没有赋予这样的事实以如此的重要性，即再怎么说，言说总是存在的。言说并不仅仅是一种透明的胶片，透过它，我们就能看见事物，它也并不仅仅是照出人们所思所想的镜子。言说有其自己的质地，自己的稠度，自己的密度，自己的功用。言说的法则就像经济法则那样存在着。言说，就像纪念碑似的存在着，就像一门技术那样存在着，就像社会关系体制那样存在着……

这种专属于言说的密度，就是我所要诘问的。当然，与我孩提时期将话语彻底贬值的做法相比，这已经是彻头彻尾的转变了。我觉得（我认为这只不过是所有那些自认发现了某些东西的人的幻觉而已）我的同时代人都是我孩提时期的那种海市蜃楼的受害者。他们就像我以前所相信的那样，就像我家人所相信的那样，也很轻易地认为言说、语言，归根到底不是什么了不起的大事。我很清楚地知道，语言学家们已经发现语言之所以很重要，是因为它遵从法则，但他们特别坚持的是语言的结构，也就是说是潜在的言说的结构。但这正是我要诘问的，我要问的是现实当中的言说显现的模式和功用，我要问的是言之有效的那些事物。这涉及到对言之凿凿的事物进行分析。而这都与我小时候想的完全相反。

尽管如此，不管我有什么样的转变，直到我开始写作之前，肯定都会在我的孩提时期存有一定数量的演变的线索，这样就能重新回溯过去。比如说，让我极为震撼的是，我的读者都会自动认为，在我的写作中，有某种挑衅性。就我个人而言，我绝对没有这样的体验。我认为自己现实当中从来没攻击过某人。对我来说，写作是一种极其温柔、静谧的活动。我写作的时候，有种如丝绒般光滑的印象。对我而言，丝滑写作的观念犹如一个熟稔的主题，自有其情感与感知上的极限，在我写作的时候，它不停地萦绕着我的写作计划，引导着我的写作，让我每时每刻都能选择自己想要使用的那些表达方式。就我的写作来说，丝滑是一种标准的印象。因此，当我发现人们觉得我的写作干巴巴、咄咄逼人时，我很是吃惊。细细想来，我觉得他们也有道理。我以为在我的笔端有一种古老的手术刀的传承性。不管怎样：我在白纸上描画出这些挑衅性的符号，就像我父亲做手术时，在他人的身体上划手术刀一样？我只是把手术刀转换成了钢笔。我将治疗的有效性转化成了自由言说的无效性；我用纸上的涂鸦取代了身上的瘢痕；我用写作中可擦的、涂抹得干干净净的符号取代了瘢痕的不可擦性。也许，我应该走得更远。对我来说，纸张或许就是他人的身体。

肯定的是，我近三十岁时所体验到的，就是开始感受到写作的乐趣，这种乐趣总是在和他人的死亡，亦即普遍的死亡，打些交道。写作与死亡之间的这层关系，我不太敢妄言，因为我知道像布朗肖这样的人曾对更本质、更普遍、更深刻、更具决定性的事物的主题说过很多，远比我现在所能说的好得多。我在这里只是说说那些印象，它们就像是壁毯的背面，目前，我试图循着它们走下去，我觉得壁毯的另一面也很有逻辑，而且勾画得也很漂亮，不管怎么说，不比我展示给他人看的地方勾画得更差。

对您，我想稍稍在壁毯的这个背面停留一下。我会说，对我而言，写作与死亡相连，也许本质上是和他人的死亡相连，但这并不表示写作就像是谋杀他人，伤害他人，去反对他们的存在，这种终极性的谋杀行为会将他人清场，在我面前敞开一个至高无上的自由空间。完全不是这样。对我来说，写作，就是关涉他人的死亡，但从本质上来看，是在关涉已经死亡的他人。从某种意义上说，我讲的是他人的尸体。我应该承认这一点，我是在稍稍假设他们的死亡。谈论他们的时候，我处在了正在验尸的解剖学家的位置上。我用写作来游遍他人的身体，我将它们切割开，我撩起他们的表皮和皮肤，我试图去发现里面的器官，让这些器官敞露于光天化日之下，最终让疾患的病灶、恶的病灶显露出来，而这病灶就是他们的生命、他们的思想的特点，它具有消极性，最终构成了他们自身。事物和人的有毒的心脏，就是我一直试图曝之于光亮之中的东西。

而我也总算明白了人们为什么会认为我的写作是在挑衅。他们觉得其中有某种判他们死刑的东西。事实上，我远比这天真得多。我并未判定他们死刑。我只是假定他们已经死了。这就是为什么当我听到他们在大喊大叫的时候，感到如此吃惊的原因。我像解剖学家示范解剖时，被解剖人在他的手术刀下猛然醒过来那样吃惊。眼睛猛然睁开了，嘴巴开始喊叫了，身体开始扭曲，于是解剖学家惊呆了："瞧，他还没死！"我认为，这就是那些人在读过我的著作后批评我或朝我大喊大叫的原因。我向来都很难去回应他们，除非找托词，可他们也许又会以为这其中含着一丝嘲讽，但其实这真的是我表达吃惊的方式："瞧，他们还没死！"

波纳伏瓦：我想起了热内这样的作家和死亡之间所能有的关系。他在为死者写作的时候，当他想让死亡的剧场活跃起来的时候，他就成了这个阴影剧场的负责人，他有意待在另一侧，在我们的世界的背面，既可以向我们的世界挑衅，又可以超越它。在他身上，也有使犯罪增值，让读者置身于受害者地位的意愿。他的态度既满怀诗意，又富于激情。而在您那儿，我觉得这层关系极为不同，您倾注于死亡的目光具有临床的、中性的特色。

福柯:是的。我并没有通过写作来杀死他人的企图。我只是在他人已经接受的死亡的基础上来写作。这是因为他人死了,我才能从某种意义上去写他们的生活,只要他们还在那儿,还在微笑,还在说话,就会阻止我去写作。与此同时,我的写作对他们的唯一的敬意,就是同时去发现他们的生命与他们的死亡的真相,疾病的秘密可以解释他们从生到死的那段道路。这个有关他人从生转向死亡的观点,对我而言,实际上就是写作可能性的场域。

波纳伏瓦:这是否就解释了为什么您的大部分著作都针对过去的知识体系及言说模式?

福柯:是的,我认为按照这个情况,就应该能清楚地解释某些事物。首先是这样一个事实,即对我来说,总是很难去说现在。当然啦,我觉得自己还是能讲讲离得很近的事物的,但只要在这些很近的事物和我写作的时刻之间,有极细微的差距,那在这片极薄的胶片上就会确立起死亡。无论如何,人们经常碰到的评定写作时用到的那些主题,写作是为了复生,写作是为了重新找回生命的秘密,写作是为了实现既是人的——

或许——又是上帝的那种活生生的话语，对我而言都极其陌生。就我而言，话语始于死亡之后，始于这层断裂确立起来之后。写作对我来说就是死后的偏移，而非通往生命之源的道路。或许正是因此，我的语言形式特别的反基督，毫无疑问，它确实要比我不停搅动的那些主题更加反基督。

从某种意义上说，我之所以对过去感兴趣，或许就是因为这一点。我对尝试复活过去毫无兴趣，那是因为它是死的。其中没有丝毫的复活目的论，毋宁说只有对过去已死的观察。有了这个死亡，我们就能述说那些绝对宁静的事物，用的是完全分析性和解剖性的方式，而不会朝着有可能反复或复活的方向行进。也正是出于这个原因，没有什么比渴望从往昔中重新找到起源的秘密离我更远的了。

对我来说，由此就产生了另一个问题。当我写作的时候，我并不会说自己是否在写什么哲学史。别人经常问我，我写的到底是什么，我究竟想说什么，如果我是历史学家，或哲学家，或社会学家，那为什么写的是这个，而不是其他的东西等等。要做出回答，我真的是很为难。如果别人能像今天您给我提供的机会那样，让我可以随心所欲地回答，那我肯定会生硬地回应道：我既非这个人，亦非那个人，我是医生，可以说我就是诊断医生。我就想做诊断，我的工作就是用写作来切割某样东西，也就是死亡的真相，将它置于光天化日之下。就此而言，我写作的轴线并非是从死到生或从生到死，这不是生，毋宁说它就是真相。必须透过无辜、迟钝的死亡来寻找，它并不是丧失的生命之战栗，而是小心翼翼地将真相展开。从这个范围来讲，我可以把自己叫作诊断医生。但诊断难道是历史学家、哲学家、搞政治的人的使命吗？我不知道。不管怎么说，这涉及到语言的活动，对我而言，这种活动特别的深刻。实际上，我不写是因为我头脑里有东西，我不写是因为想去证明在自己面前的东西，也是为了已经得到证明和分析的东西。写作本质上就是接受一项任务，对我自己而言，有了这项任务，并且在完成任务之后，我就能找到我并未见到过的东西。当我开始写论文、著作，不管什么的时候，其实我都不知道写作会通往何方，也不知道它为什么要前往那个地方，更不知道自己究竟要去揭示什么。我只是发现自己已经证明了我就是在这种运动中写作的，就好像在开始写作的时候，明确地说，写作就是对我想说的话做出诊断一样。我认为既然像我父亲和祖父母那样，我也想诊断疾患，那我对自己的传承就会很忠实。只是，和他们不同的是（在这方面，我和他们有了区别，而且还和他们截然相反）一开始写作，我就想做出诊断，我想对言说的这个要素进行诊断，而医生们通常则会对此保持沉默。

很抱歉，我在这儿要提到另一个使我相形见绌的相似性。我一直对尼采很感兴趣，我从来没想过要让这个事实成为别人谈论的对象，我总是试图认为自己的写作与尼采这个超越时间的、不可抗的、父性的形象具有亲缘关系，确切地说，连接点是在这里：对尼采而言，哲学首先是诊断，它关涉的是生病的人。简而言之，对他来说，哲学既可对文化疾患进行诊断，又可对之进行强力治疗。

波纳伏瓦：我觉得，这里的两个问题彼此相关，应该可以让我们继续分析您的方法。难道不正是为了更好地掌控这个诊断工具，对您来说，写作就是这种工具，所以您才首先写了如《疯癫史》和《临床医学的诞生》等著作，它们都与医学相关，或将医学纳入了视域之中？选择这些（因与医学界的关系而凸显了其价值的）主题，难道不是企图或多或少有意识地、尽可能地减轻您身为作家的罪恶感吗？

福柯：从我现在所置身的视角来看，从对准叙述（quasi-récit）的追求来看，我认为必须在我对疯癫所能说的和我对医学所能说的之间做出很大的区分。

如果回溯至孩提时代，回溯至我写作的那段地下时光，我还能生动地记得在我生活于其间的那个医生阶层当中，不仅是疯癫，而且包括精神病学，都有着极为特殊的地位，老实说，那是一种极具轻蔑含义的地位。为什么会这样？因为，对一个真正的医生来说，对一个照料身体的医生来说，尤其是对一个要去打开身体的外科医生来说，疯癫很显然是一种恶疾。这种疾病粗略来说并非是以机体作为基质的，或者不管怎么说，对这种疾病，一名好医生是认不出其精密的机体基质的。照这种情况来看，此处涉及到的疾病蒙蔽了真正的医生，因为它并不是病理学常规意义上的真相。结果，它就成了一种虚假的疾病，甚至几乎不能算是疾病。为了得到后面的这个结论，即疯癫是这样一种疾病，它假装自己是疾病，但其实并非如此，只要跨越一小段距离就能得到这个结论。我完全不敢确定的是，在我所生活的那个阶层中，这一步是否并不像我们现在聊天那样，或至少像我们现在聊天会给儿童的心灵留下的印象那样，可以轻而易举地跨越那段距离。

如果疯癫是一种虚假的疾病，那么治疗该疾病并认为它是一种疾病的医生又该当何说呢？这样的医生，也就是精神病科医生，就必然会受到嘲笑，因为他搞不明白自己所关心的其实并非真正的疾病，因此，他是个不合格的医生，老实说，也就是个江湖郎中。由此看来，相比其他人，这种暗含其间的意涵毫无疑问总是会更深远地铭刻于儿童的脑海中，他会认为疯癫是一种虚假的疾病，只有江湖郎中才会去治疗它。我认为20世纪外省的一名价值观可追溯至上世纪中叶的好医生，相比哲学和文学，仍然会对疯癫和精神病学更感陌生。由于我对疯癫感兴趣，再加上我对它和治疗这种疾病的医生感兴趣，可我又并不是以医生的身份这么做的，那我显然就会有双重的转变。

事实上，《疯癫史》几乎可以说是我生命中的一个意外。我写它的时候，还没有发现写作的乐趣。我只是想让自己当个写精神病学小史的作者，只不过会专门针对精神病学知识、医学和医生写一篇易读的短文。但由于发现这样的历史太过贫乏，于是我就向自己提了一个稍微有点错位的问题：在精神病学和疯子之间，什么才是这种既具关联性又具同谋关系的共存的模式？疯癫和精神病学如何才能彼此同构，彼此反对，彼此面对，又彼此吸引？我认为只有像我这样几乎拥有遗传下来的不信任感、在精神病学方面无论如何都会深深地立足于往昔的人，才会提出这样的问题。恰恰相反，我就从来没有提过这样的问题，即通常意义上的医学和通常意义上的疾病是如何彼此相关同构的。我以极其深入、极其执着的方式隶属于这样一个医生阶层，并不是为了去了解医生完全不受疾病侵扰的观点，也不是为了去了解疾病和病人都会与医生保持完美距离的看法。我还清晰地记得，实际上，当我还是孩子的时候，我们家没有一个人会得病：生病只是其他人的事，而和我们无关。

有种观点认为，会有一种像精神病学的医学形式，它绝对不会凌驾于其对象之上，这种医学从一开始，从它拥有可能性起，就在它所有的发展过程及脉络当中，都与它所医治的疾病，也与其对象拥有同谋关系，这种观点认为传统医学本来会得到极好的表达。我认为这就是传统医学不看重疯癫和精神病学的根源，于是我就有了一个规划，要将精神病学和疯癫置于某种永恒互动的网络当中，同时去描述它们。我知道有相当数量的精神病科医生被我的著作弄得目瞪口呆，他们从中看到了某人在满怀恶意地肆意反攻他们的职业。这也许是真的吧。毫无疑问，我在《疯癫史》开卷处就谈到了这种贬值论。但毕竟（抱歉的是，我又要举一个如此高蹈、如此高不可攀的例子）自尼采以来，大家都知道贬值乃是知识的工具，如果我们不去撼动价值等级制的习惯性秩序，那么知识的秘密也就不会冒着风险自行显露出来。因此，很有可能我的不信任感，这种极其古老的、极其幼稚的不信任感，很快就能被反思消解掉，但也许又被彻底地打压下去，这样便使我能够去发现其间相当数量的关系，否则的话，我很有可能会完全不了解它们。现在，让我震惊的是，许多精神病科医生对自己的职业，对精神—病理学，对精神病学的机构，对医院，也都提出了问题，在这许多精心提出的合理的问题当中，我发现有相当数量的主题，自己也曾从历史角度交叉触及过。毫无疑问，他们置身于自身职业的内部，是不得已才去贬低的，但不管怎么说，他们还是为价值体系稍稍清了淤，将它稍微撼动了一点，因为毕竟他们已习惯于这样的价值体系，而他们的前辈也都是在这之上进行尝试的。

波纳伏瓦：就《临床医学的诞生》而言，我觉得您并未遇到同样的问题。您这是在追根溯源。

福柯：我对您说过这样的话，即我的医学传承对我来说就处在写作这个事实当中。与此相比，我将医学视为研究对象这件事，是次要的做法，只具有相关性。在《临床医学的诞生》中，明确提到了解剖学、尸体解剖、诊断以及医学认知模式。但如果说这种医学的认知模式一直在困扰我的话，那无疑是因为它就处在我写作行为的内部之故。

波纳伏瓦：可相反的是，通过写作和治疗疯癫这一双重事实，书写疯癫就与此种认知模式断裂开来了，从而跃入了未知之境。与此同时，就疯癫而言，您的作家天赋也从中显露了出来。

福柯：我说不清楚写作和疯癫在我身上为何会产生交集。很有可能，它们是非存在（non-existence），是非是（non-être），它们是虚拟的活动，既不稳固，又无基础，犹如非现实的云朵，想必就是这样使它们彼此接近了吧。但毫无疑问，还有其他的理由。不管怎么说，与我生活其间的医学界相比，通过一方面投身于写作，另一方面献身于对疾病和精神医学的思索，我毫不含糊地将自己放置到了非现实的、伪装的、谎言的，几乎是背信弃义的领域之中。我认为在我认识到写作有罪，在我固执己见地想要通过继续写作消灭这种罪感时，总是存在这样的情况。

我很清楚自己不该向您说这些，或者毋宁说，我很高兴能向您说这些话，但我并不敢肯定它们是否适合发表。对于它们有朝一日会为人所知这件事，我还是有点惶恐的。

波纳伏瓦：您害怕过多地显露隐秘的一面，显露您研究工作中的幽暗之处吗?

福柯:不管怎么说,粗略来看,有的人是做历史研究的,有的人说他们的研究相对客观,认为自己的言说与真相有一定的关系,但是否真有权利这样叙述自己的写作史,真的能说通过自己的一系列极其主观的印象、回忆、体验就可获得真相吗?我很清楚,这样一来,我就会把试图通过写作来炫耀的一本正经的事情都给消解掉了。但如果我也很乐意接受这种类型的对话,而这样也能很好地消解我习惯使用的语言,还能想办法把日常语言的线团解开,使之呈现出非比寻常的模样,那您还要求什么呢?我用一种更简单的方式来重复自己在其他地方说过的话,是否还值得呢?对我来说,我试图掌握和呈现的这门语言,像既庞大又光滑的不朽之物,要将之变成一缕缕碎布,变得混乱无序,变成有点难以触知的水流,会更困难,但也更有趣。

波纳伏瓦:我很高兴您能踏上这条冒险之途,而且您也对它的轮廓和风险做了精彩的定义。为了能继续这场探索壁毯背面的冒险活动,我有一个问题要向您提出。您已经强有力地证明了您针对各种事物的诊断医生的目光来自何种传承,在您对疯癫感兴趣时，对这种传承有过怎样的颠覆。但最让我吃惊的是，在您的作品里，甚至当您讲起疯癫和医学，讲起那些既非医生亦非哲学家的作家，还有那些画家时，您的那些作品都在不停地向我们示意。这些作家向我们传达的直觉、真相，您特别挑选出来的那些画家（我想到了萨德、鲁塞尔、阿尔托、巴塔耶、波士和戈雅）似乎都被从一个与疯癫和死亡的场域毗邻的隐秘的、神秘的场域里拽了出来。那样的话，您对他们的兴趣似乎也就因您曾经对我说过的那些话而完全讲得通了。可果真仅此而已吗？您经常提及的那些作家、画家难道未曾有过想要写作和使用艺术的表达方式，以及想要诘问自己能力的意图吗？这种写作可反观自省、深入自我，可缠绕自身，亦可自我松绑，而且既可抵达深层的真相，也会在抵达之时，陷入疯癫或死亡的危险（或者让实践、承受之人有沦入的危险）。那么在这写作当中，就没有令人心驰神往的东西吗？

福柯：您刚才提出了一个我很久以前就已向自己提出的问题。确实，我对鲁塞尔或阿尔托，还有戈雅的作品有着极为持续、极为固执的兴趣。但我对这些作品自我诘问时用的却完全不是传统方式。一般来说，人们向自己提的问题是这样的：有的人患有精神疾病或被他那个时代的社会和医学如此判定，可他写出的作品要么立即,要么过了好几年,几十年,好几个世纪,才被认为是一部真正的作品,而且还被认为是文学或文化上的巨作,怎么会这样呢?换句话说,这个问题是想知道疯癫或精神疾病是如何能成为创造力的。

我的问题完全不是这样。我从来不问自己像雷蒙·鲁塞尔或安托南·阿尔托那样的人所患疾病的性质。我更不会自问有什么表达上的关系,以及在他们的作品和疯癫之间有何关系,也不会去问透过他们的作品,我们究竟怎样才能在确定的精神疾病中认出或找到或多或少还有那么些传统的,或多或少还有那么些体系化的面孔。对雷蒙·鲁塞尔是否是偏执型神经官能症患者或精神分裂症患者,我毫无兴趣。让我感兴趣的毋宁说是如下的问题:像鲁塞尔或阿尔托这样的人写出的作品,在其被人阅读的那个时代,批评家、医生,或普通读者,立马就能认出这些作品与精神疾病之间的相似性。此外,他们还根据自身的日常体验,在他们的写作和精神疾病之间建立了一种极为深远和极为持久的关系。鲁塞尔和阿尔托从来就没有否认过自己的作品在自己身上形成时具有独特的气质,有其特殊性,有其症状,有其焦虑,等等,最终,还有其疾病。然而,让我惊讶的是,我自我诘问的这个问题:像那样的一部作品,它来自于某个社会已将其贬谪——结果也就是将之驱逐出去——的个体那儿，就像病人一样，这样的作品又如何能发挥作用，并且是在文化内部以某种绝对积极的方式来发挥作用呢？人们徒劳地说鲁塞尔的作品遭到了误解，或援引里维耶尔面对阿尔托的诗时表现出的缄默、窘迫、拒绝的态度，不管怎么样，鲁塞尔的作品或阿尔托的作品在我们的文化内部很快、很早就发挥了积极的作用。它们立刻，或者说几乎立刻就成为了我们言说领域内的一分子。于是我们发现，在某个已知的文化内部，总是会对怀疑存有宽容之情，这样就使得医学上还不那么确定的某样事物能在我们文化，在某个文化的内部发挥作用，具有意义。这种负面的积极功能一直是我所关心的问题。我不会提出作品—疾病之间有何种关系的问题，而会提出排斥—纳入之间有何关系的问题：排斥某个个体，他的行为，他的举止，他的特征，他的所是，但也会极快地，而且最终还相当轻易地将他的语言纳入进来。

在这儿，我就进入了您想说的某个场域之中，那也是我的假设或我的顽念的场域。我会提议：在某个时代里，在某种文化中，在某种随意散漫的实践形式内，言说和各种可能性的规则会变成这样，即某个个体心理上会有某种程度的疯癫，但恰是他的疯癫的语言（按照我们提到的那个时代的言说的规则）却会以积极的方式发挥作用。换句话说，疯癫的地位在某个既定的时间内，在言说的潜在领域内，会在某种程度上得到保留和勾画。而在言说领域内疯癫的这个潜在的地位，疯癫的这种功能，恰恰就是我尝试去辨别的。

举个具体的例子。就说鲁塞尔吧，我的问题是这样的：文学应该具有什么样的地位、功能，及内在的调节体制，方能使鲁塞尔那令人难以置信的朴素自然的语言操练和确凿的病理学现象——他针对某个给定的句子，就能创造出对词语的解构，对音节的再解构，他的循环不息的历史观，他的妙不可言的叙述方式，他反复揉捏这个句子，句子的各种音调可成为向导，犹如一根细线，直接就可构成新的故事——在文学中得到形象表达。不仅在20世纪上半叶的文学中得到形象表达，还可发挥极其特殊、极其有力的作用，甚至还预示了20世纪下半叶的文学。考虑到疯癫语言在言说领域内的这种积极功能，我们就可提出这样一个假设：是否不必将文学，或某个已知时代的言说用通常意义上的方式所规定和定义的疯癫功能，与疯癫者区分开来？其实，鲁塞尔是否疯癫，是否是精神分裂症患者，或偏执型神经官能症患者并不重要，是否是鲁塞尔本人都不重要，令人感兴趣的是20世纪初的调节体制和转变过程，使得那些人的操练能拥有积极和现实的价值，它们能作为文学作品有效地发挥作用。

因此,您可以看见我的问题完全不是心理学上的问题,而是远为抽象的问题(同样也远不会令人感兴趣),它讲的是疯癫语言在规整的、规范的语言内部的地位与功能。

波纳伏瓦:我们已经有点偏离了最初的问题,现在我想回到那上面去,问题说的是您与写作的关系。但我认为由于这样的偏离使您澄清了研究过程当中的某些观点,所以我们才能更好地回答这个问题。您刚刚讲过了雷蒙·鲁塞尔迫使自己的写作操练既要显得朴素自然,又要显得极端复杂。难道我们就没能在这些复杂的操练中看到过度膨胀的语言之爱,而这样的写作实践就是为了像正常作家那样,只关心自己的所思所想能用优雅、有效的语言表达出来,也就是所谓的写作的乐趣?您自己在某个时候,也曾讲过您发现了“写作的乐趣”,它的目的首先并不是为了写作而写作,即便您的写作能将我们都调动起来,而且还让我们很喜欢看,而是为了去揭示真相,是为了使之成为诊断,而非抒情歌曲,这种乐趣是如何在写作的实践中彰显出来的呢?

福柯:您向我提了很多问题。

波纳伏瓦：也许是太多了。那我们就把它们分解开来吧。

福柯：我会试图对让我感到最震惊的事物做出回应。您讲过写作的乐趣，您也举了鲁塞尔的例子。就我看来，这确实是一个很能说明问题的案例。像鲁塞尔那样的人会用极其强大的显微镜将写作的各种微技巧（micro-procédés）加以放大——另一方面又使之缩小，直至主题层级，世界的庞大变成了绝对袖珍的机制——鲁塞尔的案例将写作极度凸显出来，而这正是作家面对写作的问题。

不过，我们还是来谈谈写作的乐趣吧。写作的乐趣真的有这么怪诞吗？鲁塞尔在他的那本《我是怎么写有些书的》（*Comment j'ai écrit certains de mes livres*）一书中，不断地提及在写那些作品时有多艰难，有多惴惴不安，有多困苦，有多忧惧；他说的为数不多的幸福的几个时刻，就是指在完成自己首部著作时的激情和灵感。实际上，除了他自传中的这种几乎堪称独一无二的体验之外，我觉得，剩下来的只不过是一条漫长的征途，特别的阴郁，有如一条隧道。还有个事实，当他旅行的时候，会把车窗上的窗帘全都拉下来，就是为了不用看见任何人，甚至连风景都不要看，他完全被自己的工作所掳掠，这很好地证明了写作根本就不是什么狂喜、晕眩，对鲁塞尔自己所写的事物及其写作本身的通盘接受。

总而言之，还存在着某种写作的乐趣吗？我不知道。有件事情倒可以确定，即我相信写作担负着某种极大的义务。这种写作的义务，我不是很清楚究竟来自何方。只要我们还没开始写作，写作就显得像是最无缘无故，最不可能为之，几乎是最不具可能性之事，无论如何，义务和写作这回事根本就不会让人觉得有关联。然后出现了某个时刻——它是出现在写第一页的时候？第一千页的时候？在第一本书的当中还是后面？我权且不去理会这一点——但从中可以察觉到人们完全不得不去写作。这种义务向您宣告时用的是各种各样不同的方法。比如说，事实上，当人们并未如每天所计划的那样写出一页东西来，就会处于极大的忧惧当中，处于极大的张力之中。写这一页的时候，人们会全情投入，给自己的存在赋予一种赦罪感。这种赦罪感对当天的幸福来说是必不可少的。这并不是说写作是幸福的，而是说存在唯写作马首是瞻这种事是很幸福的。这种情况极其吊诡，极其令人迷惑，因为如此空幻、如此虚拟、如此自恋、如此反躬自省的行为，使得写作者一清早就坐于桌边，然后涂满好几页纸，这样就能在当天余下的时间里获得真福加身的效果，怎么会这样呢？事物——职业、饥饿、欲望、情爱、性爱、工作——的现实性是如何得到改观的呢，难道就因为大清早写了这点东西，或者说就因为当天能写这么几张纸的缘故吗？这一点特别让人迷惑。不管怎么说，对我而言，这就是写作的义务宣告自身的其中一种方法。

此种义务也因另一件事物而得到了表现。实际上，我们写作向来，不仅是为了写出自己作品的最末一卷，而且还会以极度兴奋谵妄的形式（我觉得，这种谵妄存在于写作这种最微小的行为中）写出全世界的最后一卷书。说句实话，我们写作时正在写的东西，我们在作品里写完的最后一个句子，也同样是这世界的最后一个句子，它使以后再也没有任何东西可写。存在一种阵发性的意愿，想要用最短的句子将语言竭泽而渔。毫无疑问，这与言说及语言之间存在着的不平衡是有关系的。借助语言，我们就能构建无可穷尽的句子和言辞。反之，无论我们怎么想象，再怎么冗长和啰嗦，再怎么柔韧，再怎么空灵，再怎么原生质，再怎么取决于其未来，言说总归是可终结的，总归是有限度的。我们根本无法借助于言说抵达语言的尽头，就算把它想象得再冗长也无济于事。语言的这种无可穷尽性总是使言说悬停于永不会完结的未来上面，这就是另外一种体验写作义务的方式。我们写作，是为了尽可能地抵达语言的尽头，为了最终尽可能地抵达整个语言的尽头，为了最终用言说的完满性来结束语言空洞的无限性。

而且，我们会发现写作与讲话截然不同。我们写作也是为了不用露脸，为了让自己逃离至自我的写作之中。我们写作是为了让生命环绕着纸张，置身于纸张的一侧，在纸张的外面，远离纸张，这种生命并不荒唐可笑，而是让人烦恼，满怀担忧，它暴露于他人面前，被吸纳至这方我们将之置于自己眼前、知道如何去操控之的长方形的小纸片内。实际上，写作就是通过笔尖与写作的神秘管道，试图让所有的物质，不仅仅是存在，而且还有身体，流淌于我们置于纸上的那些细小的笔迹之中。至于生命，再也不是我们将之置于白纸上的死气沉沉、随口瞎聊的涂鸦，而我们写作时日思夜想的正是这一点。但想要在这靡集不动的字母当中，去吸纳这蠢蠢欲动的生命，我们却根本做不到。生命总是在纸外复苏，它总是会增殖，会继续，它根本就不会固着于这一方小小的长方形内，肉体沉重的体量也根本无法在纸面上展开，我们根本无法进入这两维的宇宙之中，我们根本无法让自己变得足够纤弱、足够细腻，让文本只具有直线性，可我们就是想要达到这种直线性。于是，我们不停地尝试，重新开始，剥夺自我，在笔尖和写作的漏斗内滑行，这是一种无限的任务，我们献身的就是这样一种任务。在这细微的战栗之中，在这微不足道的刮擦之中，刮擦会凝结住，它就是笔尖和白色纸面之间的那个点，那个脆弱的场所，那稍纵即逝的时刻，在那个时刻，镌刻着最终会固化、得以确立的标记，只有其他人才能看得清楚，那刮擦已完全没有可能意识到自身，如果我们不再存在于其间，那我们是会觉得有理由的。在通往各种表征的路途当中，这种类型的对自我的隐匿和凌辱，我认为，也赋予了写作以义务的特质。我们发现这种义务毫无乐趣可言，但毕竟，当逃避义务使我们寝食难安时，当违犯这道律法让我们心惊胆战、心绪终日难以安宁时，遵守这道律法不就成了最大形式的乐趣了吗？遵守这种我们既不知其来自于何方、亦不知其如何能使你们彻底折服的义务，遵守这道律法，毫无疑问属于自恋的律法，它压迫着你们，处处凌驾于你们，而这，我认为，就是写作的乐趣。

波纳伏瓦：我在这儿是想让您说明在您诊断式写作概念中显现出来的一个观念。在写作的尝试中，难道就没有另一种义务，那种发现某样事物的义务，或许还能发现它所预感到的却还未成形的真相？同样，写作的时候，难道我们不是一直有一种印象，即如果我们在另一个时刻写作，那一页页纸，那一本本书就都会不同，我们会采取另一种表达方式，写作也许会将我们引入我们所预感到的、研究过的同样的事物、同样的观点当中，我们会把它固化起来，当作目标，只不过用的是其他的路径，其他的措辞吗？您难道没有觉得，您一直在掌控这种写作的尝试，或者说，有时候，被它牵着鼻子走吗？

福柯：就此而言，我觉得写作的义务并非人们通常所说的，是作者的天职。我觉得罗兰·巴特在作家和写作者之间所作的区分很有道理，这个区分现在已经很出名了。我不是作家。首先，我毫无想象力。我也没有丝毫的创造性。我根本就没法构思像小说主题一类的东西。当然，有时候，我也很想写新闻题材意义上的所谓的新鲜东西：叙述微事件（micro-événements），比如叙述某人的生平，但只写五行，十行，不会再多了。所以说，我不是作家。我把自己坚决地放在写作者这一边，对他们来说，写作只是过渡性的。我想说的是，写作注定要去设计、证明、宣示自身之外的某样东西，若没有这样东西，写作甚至可以说就会隐匿起来，至少是不可见的。这或许就是对我而言，再怎么样，写作总是存在某种魅惑力的原因吧。

我不是作家，是因为我所实践的那种写作，我每天早上做的那份微不足道的工作，并不是什么值得大书特书的时刻，能因其自身的威望而屹立不倒。我根本没觉得，也没企图去创作一件作品。我的规划就是把事情说出来。

我也完全不是一个阐释者。我想说的是，我并不想把隐匿、隐瞒、遗忘了好几个世纪或好几千年的事物显现出来，也不想重新在其他人所说的话的背后找到他们意欲隐藏起来的秘密。我并不试图去揭示掩盖于事物或言说之中的另一层含义。不，我并不只想让即时即刻存在的，同时却又不可见的东西显现出来。我的言说规划是远视者的规划。我想让距我们的目光极近的东西显露出来，好让我们都能看见它，它离我们太近，但透过我们所见之物，我们就能看见另一样事物。让这样的密度成为一种氛围，让这种氛围环绕于我们周身，确保我们能看见离我们很远的东西，让这种密度和厚度成为像透明度那样我们没有体验过的东西，而这就是我无时无刻不想着的其中的一个规划，其中的一个主题。同样，还要去包围、勾画、设计这种类型的盲目的任务，我们要按照这种任务去说去看，还要去重新捕捉让我们远视的目光成为可能的东西，要对环绕我们周身的、被我们的目光和我们的知识通常的场域定位的切近之物做出说明。抓住这种不可见性，这种极具可见性的不可见性，这种因太切近而又远离之物，这种不熟悉的熟悉感，对我而言，这就是我的语言和我的言说的重要操作手段。

波纳伏瓦：您的书提议我们去分析知识的模式或往昔的言说。这就让我们假定必须在写作之前，读许多书、进行核对、比对、选择，要先去冶炼材料。所有这一切均需在写作之前加以安排，或者说，写作是否真的因你们观察和勾画这片风景所用的方式而起决定性的作用呢，在这片风景中，镌刻着、显露着比如说古典思想或精神病学的机制？

福柯：您提这个问题很有道理，因为我觉得自己太抽象了。如果可以这么说的话，那我就是在自娱自乐……毕竟我就是这样读书的，我读书就是为了自娱自乐，有点出于好奇心，反正就是想到哪读到哪，个中原因在此也就不再赘述，我会读 17 世纪的植物学著作，18 世纪的语法著作，里卡尔多、亚当·斯密时代的政治经济学著作。我的问题（对我来说，写作这项任务）并不在于重新用耳熟能详的词汇去撰写这些著作。根本用不着再去想办法发现人们习惯性所谓的言说的未及言明之物，也不用去发现在里卡尔多、亚当·斯密、布封、林奈的著作中习惯性要去了解的、从某种意义上说现在仍是如此，却又未在内部的空隙、空白、矛盾中提及的事物。我读所有这些著作的时候，为了避免熟门熟路的效果，破除了我们在那些著作身上所能感受到的所有的熟悉感。我试图树立起它们的独特性，尽可能强的陌生感，而这是为了让我们和它们之间分隔开的距离凸显出来，为了能将我自己的语言和自己的言说引入这个距离之中，引入我们所置身的，且我们与之形成对比的这个差异之中。反之，我的言说应该是这种差异显现的场域。换句话说，当我对有些遥远的、不合常规的客体感兴趣的时候，我想使之显现的，并不是在它们之外的那个秘密，不是它们通过自身彰显的存在所隐藏起来的那个秘密，而毋宁说，是这种将我们和它们分隔开的，与此同时又将我们与之相连的氛围和透明性，这使我们能够去说它，但我们是将之作为客体去说的，它完全不是我们自己的思想，我们自己的表征，我们自己的知识。因此，对我而言，写作所扮演的角色本质上就是起到了拉开距离和使之产生距离的作用。写作，就是把自身置于这种将我们与死亡和已死之物分隔开的距离之中。与此同时，死亡也会因此在其真相中展露开来，不是在它隐匿起来的、秘密的真相之中，也不是在它曾经所是的真相之中，而是在将我们与之分隔开的、使我们不再死亡的这种真相之中，我在写作这些死亡之物时就不会死亡。对我来说，写作就是要去建构这层关系。

从这个意义上看，我要对您说的是我既非作家，亦非翻寻故纸堆之人。如果我喜欢翻寻故纸堆，那是因为我想进入自己所描述的客体的背后，进入这些往昔言说的背后，好去找到它们原初的立足点和它们诞生的秘密。如果我是作家，那我就只会按照我自己的语言，只会用当今存在着的充满魅惑力的语言去讲述。我既非前者，亦非后者，我置身于他人的言说和我的言说之间的距离之中。我的言说只是我所设定的、我所衡量的距离，是我在他人的言说和我的言说之间所迎纳的那个距离。就此而言，我的言说并不存在，所以我丝毫没有企图，也没有抱负，要去创造一部作品。我很清楚的是，我不会去创造一部作品。我是丈量这些距离的丈量员，而我的言说也只不过是绝对有限的、不牢靠的尺度，我会经由这种尺度去衡量这个疏离与差异的体系。用非我们所是的东西去衡量差异，我就是这样来操练我的语言的，这也就是我刚才所说的，写作就是失去自己的脸孔，失去自己的存在。我的写作不会赋予自己的存在以一种纪念碑似的坚实感。毋宁说，我试图将自身的存在灭除在这将我与死亡相隔的距离之中，通过这一点，也有可能导向死亡。

波纳伏瓦：您说您不会去创造作品，您就此所作的解释也很特别。但我的异议是，您的言说在当今有某种独特的回响，所以，它不仅能使我们设定将我们与往昔的言说相隔的那层距离，从而完美地达成自己的目标，而且还能澄清现在，澄清压在我们身上的那些古老阴影的胎盘。但我的问题不在这儿。当您说您消失在自己的言说中，这就让我想起了您在《词与物》的末尾所宣示的另一种消失，那就是人的消失。对人类科学的构成及演变作了一番研究之后，您的证明是，在这些科学灿若繁花、旗开得胜、达成目标之时，人也正在消亡，在言说不间断的脉络中将自身抹除。请原谅我提出这样一个唐突的，或许也很个人化的问题，这个问题把玩的是那些表面的相似性，在这两种消失之间，即您在写作中的消失和人的消失之间，难道真的没有某种相似性吗？

福柯：您提这个问题很有道理。您如果愿意的话，我们可以在另一场对话中涉及这个问题，也可以将我在《词与物》末尾想要说得极其明确的那些话所导致的这个问题遗忘掉。肯定的是，在人的消失这个主题与我的写作义务，也就是我的写作工作之间，确实有某种相似性。我相当清楚这么说所冒的风险，因为我早已看到了精神病学医生显露出来的那种怪诞的阴影，他在我所说的那些话中会找到那些指征，首先是我的精神分裂症，然后是确切意义上的谵妄的特质，所以我在自己的那些著作中所说的话也就不会客观，不会真实，不会理性，不会科学。

我知道自己会冒这个风险，但我在这么做的时候，心情绝对轻松。您出于好意要我进行的这些对话让我觉得很有意思，就此而言，我恰恰并不想通过它们来更好地解释自己，从而进一步去解释我在自己的那些著作中所说的话。在这些对话中，尤其是在这个房间里，我早已感觉到今后会挤满成千上万本书，成千上万张读这些书的面孔，今后书和读者的这一第三存在会特别压得人喘不过气来，所以我并不认为这样做会有可能性。让我高兴的是，我们并不知道自己将会前往何方。我来给您说一说某种类型的体验吧。这是我第一次想以第一人称来拒绝这一中性、客观的言说，而我在写那些著作时，就是这样一直不停地想要抹除自身。结果，您所说的在人的消失和我写作体验之间的那种相似性就很明显了。人们这么做是在做自己想做的事。他们毫无疑问会去揭示出我想要首肯的那种幻想的特质。其他人或许会在我说的话中发现，这不是一种真正真诚的言说，而是一种将我在自己的著作中想要明确表达出的某种或多或少理论性和观念性的主题投射到自己身上。人们以何种方式读出书和我、我和书之间的这层关系以及这种相似性并不重要。无论如何，我都知道我的著作会因自己所说的话受到牵累，我自己也是。这就是美丽的危险，这些对话所蕴含着的有意思的危险。因此，就让这种相似性显现出来吧，让这种连接的通道显现出来吧。

波纳伏瓦：那您写作时，是如何经历这种描述活动，这种消失的呢？

福柯：当我写作的时候，我头脑里总是会有些东西。与此同时，我总是会向在我之外的某件事物、某个物体、某个待描述的领域、某种语法或 17 世纪的政治经济学，甚或古典时代的疯癫体验请教。然而，这个物体、这个领域，我丝毫没觉得要去描述它、以某种方式倾听它对自己所说的话，去用词语、用某种确定的风格在纸上将某种想要描述的确定的表征翻译出来。我对您说过，我是想让我、我们与这些事物之间的距离显现出来，我的写作就是去发现这个距离。我会补充这一点。从某种方式说，我开始写作的时候，头脑都是空空荡荡的，尽管我的头脑总是会朝向一个明确的目标。对我来说，这样一来，就很显然，写作是一种特别费力、特别困难，也特别让人焦虑的活动。我总是害怕写不好；当然，只要写砸，我就会一直写不好。也就是说，催促着我去写作的，并不是去发现或确信某种关系，某种真相，而毋宁说是我觉得我自己有一种写作形式，是我写作的一种运转模式，允许让这种距离显现出来的某种风格。

比如说，有一天，在马德里，我被委拉斯凯兹的《宫娥》弄得神魂颠倒。我看这幅画看了很长时间，看啊看，根本就没想过有朝一日要把它讲出来，更没想过要把它描述出来——这会让我觉得很可笑，很荒唐。后来，有一天，我也不知道是怎么了，也没再看过那幅画，甚至都没见过复制品，却又很想把自己对它的记忆讲出来，把画里的东西描述出来。一旦我尝试着去把它描述出来，某种语言的色彩，某种节奏，某种分析的形式，就特别让我有感觉，让我几乎确信（也许是虚假的）自己通过这种言说，肯定能使我们与讲究表征的古典哲学、讲究秩序及相似性的古典思想之间的距离显现出来，并对之加以衡量。就因为这个，我才着手写了《词与物》。为了写这本书，我使用了前几年因机缘巧合搜集到的所有资料，当时并不知道会拿这些资料做什么，也丝毫不敢确定自己是否会在今后去做研究。这种死的资料，我浏览了一些，就像在逛荒芜的花园，一片无法再利用的场地，我浏览的时候，想起了以前的雕刻家，17 或 18 世纪的雕刻家，他们会去凝视、触及这一大块尚不知作何用途的大理石。

（转录在此终止。）

大事记

米歇尔·福柯（1926—1984）

1946：就读巴黎高等师范学院。攻读哲学与心理学。

1957：前往瑞典外交部任职，后又去了波兰和德国。

1961：《古典时代疯癫史》（*Histoire de la folie à l'âge classique*）。

1963：《临床医学的诞生》（*Naissance de la clinique*）。

1966：《词与物》（*Les mots et les choses*）。

1968：与克劳德·波纳伏瓦对话。

1969：《知识考古学》（*Archéologie du savoir*）。

1970：当选为法兰西公学院教授。

1971—1972：与皮埃尔·维达尔—纳盖（Pierre Vidal-Naquet）及让—玛丽·多梅纳希（Jean-Marie Domenach）参与并创建监狱信息组织（Groupe Information Prison）。

1976—1984：《性史》（3 卷本）（*Histoire de la sexualité*）。

1995：《言与文》（4 卷本）（*Dits et écrits*）。

1997：开始出版法兰西公学院的讲课稿。

1948:获得保罗·瓦莱里诗歌奖。

1964:从事文学艺术批评,后任职于《新观察家》和《文学半月谈》。

1966:与欧仁·尤内斯库(Eugène Ionesco)对话。1977年,以《生活与梦想之间》为题重新编订出版。

1975:《法国诗歌自古及今》(诗选)(*La poésie française des origines à nos jours*)。

◆教师资格会考中的霍布斯◆

由马塞尔·莫斯记录的埃米尔·涂尔干讲义，

让—弗朗索瓦·贝尔编辑兼作序

目 录

序　言

哲学教育，社会学思考：谱系之间的霍布斯

什么是教学档案？自从20世纪90年代初起，无数讲义的版本，尤其是20世纪70年代期间在法兰西公学院所作的演讲，都特别（或者说几乎）依赖于磁带的声学记录。尽管这种资料来源因所谓的忠实于原声而有其道理，但其隐含的意思却是指讲义只能被视为已作宣读的，却又尚未被认可的讲稿。相反，知识的历史却表明，其接受度，作为传播的成果，无论受控与否，在观念的流通当中终归具有很大的决定作用。也许还应该借鉴对米歇尔·福柯或罗兰·巴特的讲义的编辑方法，也将听众的笔记收集起来。自此以后，记录将只是记笔记的集体活动的产物，一方面来自于钢笔，另一方面来自于磁带录音机。

埃米尔·涂尔干的这个例子恰好可让我们思考教育和强

调学生占中心地位的另一个维度。因为，尽管这位社会学家在其身后留下了大量未编辑的文稿，但其中很少有可称之为严格意义上的著作，它们只是一些讲义和会议文稿[①]，都是他三十多年来教学活动的成果，先是1887至1902年在波尔多，继而在索邦大学，直到1917年他逝世为止。正如他的外甥马塞尔·莫斯所言：

涂尔干的教学活动相当繁重，他的教学课题总是在变。自1891年起，他就是教师资格会考委员会的评委——但从1888年起，为了他的那些报考此类会考的学生，他就一直在准备当个所谓的“作者”，换句话说，就是要撰写著作，并将希腊、英国、法国或拉丁哲学家的学说写出来，他们的伦理学或政治学片段被编写进教学大纲。此外，还经常有人向涂尔干咨询他这位“作者”有什么选择。而涂尔干也就会趁此时机将自己所从事的学说史研究中尚未言及之处赋予不容置疑的重要性。他很重视自己所讲的关于社会学前辈的那些课程。对他而言，对哲学家、他的先辈们致以敬意，构成了我们的科

① 在涉及涂尔干已经编辑的讲义时，应区分两种截然不同的情况。一方面，是那些据涂尔干自己所记笔记出版的讲义。另一方面，则是按照听众所记笔记出版的讲义。比如《实用主义和社会学》（*Pragmatisme et sociologie*）就是由阿尔芒·居维利耶（Armand Cuvillier）根据学生笔记复原成书的。

学，即那些已经探明与指明的区域高贵与否的凭证。他对自己的霍布斯讲义颇感自豪，对自己发现了卢梭的社会学精神所感到的骄傲也是不遑相让，这种精神与无政府主义有着天壤之别，但人们通常总是认为是卢梭发明了无政府主义。[1]

关于该项重要的**活动**，我们所能掌握的踪迹一方面都是他的直接对话者，另一方面也有他的学生保存下来的。不幸的是，涂尔干个人档案里的大多数文件都已消失不见了。在由法兰西公学院及之后的IMEC（当代学术论文版本研究院）保存的马塞尔·莫斯的档案里，可对涂尔干在波尔多教学以及莫斯随后在1895年为获得哲学教师资格会考证书而实习的数年中呈现的大量文献进行评估[2]。这项日常工作由于涂尔干在哲学教学的同时还在编订出版自己早期的大量社会学著作而愈发显得特殊，他的那些著作有1893年写成的《社会分工论》（*La Division du travail social*），1895年的《社会学方法的规则》（*Les Règles de la méthods*），以及《自杀论》（*Le Suicide*），别忘了，自1896年起，他还组织并定期出版了《社

① 马塞尔·莫斯，"纪念涂尔干及其合作者未经编辑的著作"，《社会学年鉴》（*L'Année sociologique*, Nouvelle série, I, 1925, pp.8—29）。

② 让—弗朗索瓦·贝尔，"马塞尔·莫斯的档案是否具有特殊性？"，"涂尔干研究"（"Durkheimian Studies/Études Durkheimiennes", 2010, vol.16, n.1）。

会学年鉴》。

该讲义论述的是霍布斯的《论公民》(*De Cive*),由莫斯记录,它让我们知道了在这种类型的教学深刻改变的时刻,涂尔干是用何种方式将哲学传递给大学的。新的规则是由那些稽查员制定的:清晰缓慢地讲述,强调一些根本性的要点,有时甚至会口授一些艰涩的段落[①]。

为了深入理解涂尔干当时所设想的哲学教学方式,以及他与自己的某些同事的不同之处,就必须将他写的那篇论述"哲学教学与哲学教师资格会考"的文章考虑在内,该文和该讲义一样,均写于1895年。尽管涂尔干长期以来一直在强调哲学这门学科的社会功能,但他也提到另一种教学法的可行性,我们可以认为那另一种教学法就是他在那个时代独创的:

> 应坚决地将这些形式上和逻辑上的讨论排除在外,这样才能使年轻人开始去亲自面对那些伦理上的事物。不是要去对权利和义务的抽象原则作长篇大论,而是要证明义务和权利的种种细节之处,以及它们在历史之中构成的方式。

---

① Bruno Poucet,"论论文编辑:19世纪下半叶法国哲学教学在中等教育中的演变",《教育史》(*Histoire de l'éducation*, n°89, 2001, pp.95—120)。

特别添上这一段文字，是为了澄清此处对我们重要的地方："我们应该使人明白家庭、财产、社会是如何慢慢地转变成现在的样子的。"①

多亏了莫斯，我们才知道涂尔干在索邦大学关于家庭或权利的教学情况：

> 他的讲义都是公开印行，且颇有系统性。一方面，幸好，来听讲的均是法学家、法律专业的学生、几名同事，他们都是些很挑剔的听众。但另一方面，来听的也有小学老师、各类教学机构的成员，毕竟，在我们外省大学分院的阶梯教室里占多数的还是这类身份并非很清晰的人员。(……)涂尔干不仅是个出色的老师，他甚至很喜欢讲课，还会同时研究(花了很多心思)科学的真理和教学的有效性。②

当然，波尔多教师资格会考报考者的数目并没有索邦大学的听众多，但我们至少可以相信这些公众是一直来听讲的，而且都很活跃。在同宗教史学家亨利·于贝尔所通的几封信

① 埃米尔·涂尔干，"哲学教学与哲学教师资格会考"，摘录自《哲学杂志》(*Revue philosophique*)，1895，n°39，pp.121—147。该文又重版于埃米尔·涂尔干的《文集 3：社会功能与体制》(*Textes 3. Fonctions sociales et institutions*，Paris，Les Éditions de Minuit，1975，"Le sens commun"，pp.403—434)。

② 马塞尔·莫斯致亨利·于贝尔的信，Fonds Mauss，手稿日期未详，IMEC。

中，莫斯吐露了这位日常生活被教学活动占据的人的其他几件事。1902 年，是涂尔干在索邦大学上课的第一学年，莫斯发现其“教学极受欢迎，我毫不夸张地相信他对索邦大学师生具有极大的影响力”。这种影响力反过来又促使他让自己“在不值得的事情上花了极多的精力”[1]。1904 年，他的外甥又补充道：

> 宽敞的讲堂坐满了人。但素质不佳的听众占了绝大部分。或许这让他充满了莫名的激情。他把自己弄得筋疲力尽，很累。我极其担忧。我是在为《年鉴》担心。反正，除了度假，平常他就是这样投身其间，把所有时间都投了进去。[2]

涂尔干为了备每堂课，花费了“极大的精力”，毫无疑问这也解释了莫斯为何决定要系统地、巨细靡遗地保存好自己记的所有笔记，甚至包括源于涂尔干之手的所有蛛丝马迹，如批改的考卷或一些简单的批语［莫斯和波尔多另两位教员所做的一样，这两人一位是阿尔弗雷德·埃斯比纳斯（Alfred Espinas），他涉及的是直觉、艺术和游戏，另一位是哲学家奥

① 马塞尔·莫斯致亨利·于贝尔的信，Fonds Mauss，手稿日期未详，IMEC。
② 同上。

克塔夫·哈姆林(Octave Hamelin),记的是他就古代哲学所讲的课,但他教学时特别论及了斯宾诺莎]。

该讲义完稿于1894年至1895年,论述的是霍布斯的伦理哲学与政治哲学。如果我们相信《公共教育部官方公报》(*Bulletin officel du ministère de l'Instruction public*)①的话,那《论公民》就是首度出现在了那一年的会考中②。

这种教学法尤其是出现在涂尔干因《孟德斯鸠对创建社会科学所作的贡献》(*La contribution de Montesqieu à la constitution de la science sociale*,1892)和《社会分工论》获得博士学位之后的那段时间,他对现代社会组织为何会愈益快速地崩解作了研究。霍布斯以某种方式展现了社会学与伦理学分析中哲学和理论上的深层次原因,而这位社会学家就是在这个时候发展出了这套分析方法。没有哪一个哲学家会比震惊于自己国家内战的霍布斯更好地对那些危机进行思考和

① 《公共教育部官方公报》,LVI,1894,n°1127(1894年9月15日),p.347。

② 会考中的文章每年都会变化。当时有两篇希腊语文章,两篇拉丁语文章和三到五篇现代文章。正如莫斯所指出的,每年的现代文章中总会有一篇涉及到社会问题(1892年的孔德,1893年的穆勒,1894年的斯宾塞)。感谢多米尼克·梅尔利耶(Dominique Merllié)提供的信息。

分析，而这些危机则恰恰突出了社会关系中传统形式的层层肌理，对涂尔干而言，它们之所以能凸显出来，是因为其中显现出了对特殊群体归属感的反思，体现出了想要逃离至私人生活，甚或隔绝于社会之外的想法。

此外，对涂尔干来说，还应该将此种教学法视为提出并确定如何保持社会凝聚力这一问题时的重要阶段。该讲义乃是对如何找到适合于整个学科构造进程的一种摸索，要在学科中确立问题、方法和目标。

涂尔干的计划并没有标新立异之处。每一个章节都是霍布斯哲学某个层面，特别是《论公民》和《利维坦》(*Lévithan*)，他是按照文本分析的逻辑来论述这些著作的。与同时期出版的论述这位英国哲学家的其他著作相对的是[①]，涂尔干似乎偏爱政治和伦理方面的问题，而非严格意义上的方法论或理论上的那些问题。法学教授乔治·里昂于1893年出版了论霍布斯的讲义，但没给国家理论留下多少地盘。相反，他只用很少的笔墨，在其新作的前几个章节中呈现了霍布斯理论的逻辑基础：I. 生平与著作；II. 与笛卡尔的形而上学争论；III.

① 费尔迪南·托尼（Ferdinand Tonnies）于1889年出版了一本论述霍布斯的小部头著作，他在书中强调了该哲学家作品形成过程中的一个极为特别的语境［《霍布斯，生活与理论》（*Hobbes, Leben und Lehre*, Stuttgart, Frommann, 1889）］。

唯名论，方法；IV. 基本的哲学，演绎基本概念；V. 因果原理和普遍的必然论，客观现实的问题，神学基础，不可知论；VI. 心理学，感知与概念，想象与观念的联想，理性与科学；VII. 心理学（续），情感的感受性，激情理论；VIII. 心理学（末论），意志；IX. 伦理；X. 国家，政治[①]。

关于该提纲，下面是涂尔干新论的细目（括号内是手稿的页数，被莫斯的笔记遮盖住了）："霍布斯"（2 ff.）；"传记与书目"（10 ff.）；"人"（13 ff.）；"政治的普遍概念与方法"（12 ff.）；"国家的形成与本质"（20 ff.）；"（党派？）与国家"（8 ff.）；"自然社会，奴隶制，家庭，宗教社会"（11 ff. 正 / 反）；"自然法与民法，结语"（10 ff. 正 / 反）。

如果说我们选择誊抄由莫斯作笔记的该讲义的摘要，而非其完整版或整个课程，那首先是出于尝试使用讲义笔记版本时所要求的技术上的原因。口头上的特别用语怎么办？如何处理那些重复的用语？用什么办法，以及怎么才能续完那些显然没有完结的句子？

莫斯的字体不太容易辨读，而且可以说记得并不多，由

① 乔治·里昂，《霍布斯的哲学》（*La philosophie de Hobbes*，Paris，Félix Alcan，1893）。

于记笔记时，需要边写，边听得很专注，所以情况就更不容乐观了。经常出现的情况是，缺词，缩略语遍布，有时，同样的一个词会出现不同的变化。标点根本就不存在。霍布斯文本中提取出来的拉丁语引文同样“干扰了”阅读……为了使大家相信这一点，可以来看看该讲义最后几行转录时有多灵活：

Malheur^{nt} la man. Dt il explique les liens qui nissent le regne social aux autres ne lui permet p. de render intellig. ces nouveauté dt il sentait si viv^{mt} l'exist. car lui aussi c'est de l'indi qu'il part. En pr. c'est de lindi que derive la réalité collec.// alors commt pt elle le surpasser à ce point? Voilà d'où du vient la solute. de continuité que presente la trame de ces raiso^{n} et le double aspect de sa doct. liberal et autoritai, monarch. democrat artificialiste et naturaliste.①

尽管这些笔记可让人对涂尔干与哲学之间的关联，或者对他教导“作者”、教授某个理论或某个学派的方法做出假设，但我们对他的教学法还是没有任何具体的了解：他是以教学的形式显露自己的观点吗？他认为听众不熟悉的那些图表、

① 该记录出现于本著作最后几页上，也就是现在这个版本的第119页。

名字、词语或引文，是否因为字迹的原因而中断了？他是静止不动的，坐着的还是站着的？他讲话的方式是什么样的：很慢，单调，语速比普通交谈要快？对听课的学生，他是在朗读和不看讲稿授课之间交替吗？他会通过直接提问，想办法核实学生对自己的话究竟是否理解吗？他会写下自己的讲义吗？所有这一切或几乎所有这一切似乎都是编订好的，其中包括重复和强调时会出现何种效果，而这些通常都是按照口头即兴讲话时的顺序来的。我们知道涂尔干在1893年3月3日的博士论文答辩时，显得对自己的口才很有自信，这让听众和学员的代表留下了深刻的印象。但失望还是有的：当涂尔干在波尔多宣读讲义时，他是根据哪篇文本来讲的？会用到编好的卡片、简单的笔记、记事本吗？关于涂尔干的讲义，马塞尔·莫斯给我们留下了重要的“物质”信息。1928年编辑出版社会主义的讲义时，他明确说“手稿经过仔细校勘，已极少有段落难以卒读了”[1]。我们并不清楚涂尔干的所有教学，特别是他对参加教师资格会考者的教学是否都是这种情况，当然，这种教学法也并不会年复一年地重复使用下去。

从他的听众这方面来讲，更确切地说，是从莫斯这方面

① 马塞尔·莫斯，《埃米尔·涂尔干：社会主义、定义、创始、圣西门的学说》（*Émile Durkheim, Le Socialsime. Sa définition. Ses débuts. La doctrine saint-simonienne*），“序言”，Paris，PUF，1928。

来讲，遗憾的是，我们对此了解得并不多：他是记录了涂尔干的所有讲话，还是按照自己的想法作了挑选呢？他是交替使用那些笔记和粗枝大叶的学生笔记吗？他用问题打断过涂尔干的独白吗？

我们并不了解这些课程的周期：这堂课是一年一次，还是一学期一次，抑或是一月一次？我们只能说因课时长短之故对资料作切割，和涂尔干出于理论上的精心架构所作的考虑并不相同。某些图表倒是能让人辨认出停顿之处究竟是在哪儿。

将这篇重抄的讲义转变成文本自然会用到切削和涂抹、代替和替换之类的方法，有时还会增添点东西。正如克劳德·勒富尔在他为梅洛—庞蒂的讲义版所写的前言里所言，由课程构成的话语这一事件，在处理的时候，尤其是为了发表文章而匆匆忙忙简单地记笔记时，就消隐无踪了[①]。创造出这样的间隔是有风险的，说实在的，有了这种间隔，风险就会比我们拥有一篇经过彻底编辑或登记在案的文本要更来得现

① François Waquet,《像书本一样讲话：16—20世纪的口头传承与知识》（*Parler comme un livre. L'oralité et le savoir, XVI— XXe siècle*，Paris，Albin Michel，p.283）。亦可参见 Christian Jacob，“路途”，《知识场所 2：知识分子的手》（*Lieux de savoir 2. Les mains de l'intellect*，Paris，Albin Michel，pp.804—810）。

实[①]。然而，必须注意到的是，莫斯的笔记并非全无章法。他通常都用纸页的正面写字，除了最后三堂课不是这样。但当涂尔干引用或确切地征引霍布斯的某篇拉丁文本时，他一贯都会将引文和注释区分开来，或是写在先前那一页纸的背面（这表明这些纸页尽管并未连在一起，但仍像一本本子一样），或是着重突出段落边缘的引文。

毋庸置疑的是，这再也不是涂尔干的“话”了，但口头传承（oralité）的效果继续存在。在重读这些笔记时，虽然有些词语难以辨读，而且某些段落极具哲学内涵，却仍可以听出涂尔干声音的音色，特别是在该讲义最后的几个句子里，他试图将霍布斯视为社会学的先驱，认为其中断了整个中世纪的哲学构架，或认为其在对事物和人类社会的理解上，采纳了一种本质上为唯物主义且毫不形而上学的观点。

我们刚才所述的技术上那些理由，只能部分解释为何选

① 关于在目前大学教育的历史文献中课程笔记的重要性，可参见 INRP 网站的系列讲义手稿：http://www.inrp.fr/she/cours_magistral/table/index.html。

择转录讲义里的某些内容，而非整个课程。同样，还存在一种智性上的理由。这些未经编辑的断片突出了涂尔干自19世纪90年代起就很担心的问题，他是想将仍在襁褓之中的社会学纳入具有明确方向的历史演变的进程之中。

涂尔干对于卢梭、孟德斯鸠，甚至孔德和斯宾塞都有着众所周知的明确的兴趣（不单单是兴趣，还批评他们[①]），而在这其中，霍布斯的伦理哲学和政治哲学在他的心目中占据了理论上和方法论上的首要地位。

正如笛卡尔所说，这位“英国人”有个思想，即社会组织乃是人类理性反思的作品，与物质性的机器相类似。但再怎么说，该作品都不会是人类激情的结果。为了用归纳法及统计法来突出现代诸种社会的逻辑，就得有系统地去确认、分类及比较社会机体的各个决定性因素。涂尔干无法无动于衷地停留于这样一种对社会的宣讲上，这样只会让他撬掉起阻挡作用的重要的认识论挡路石：那究竟有什么样的条件才能对社会采取一种客观的视角呢？

---

① 只需让读者去读一读《社会分工论》的某些段落就够了，涂尔干在这本书里明确地批评了“功利主义者”和斯宾塞，他们将社会归结为个体，认为个体尽管各怀私立，但仍聚在一起。在《社会学方法的规则》一书中，斯宾塞同样和孔德及霍布斯一起又出现了，特别是在题为“阐释社会事实的相对规则”那一章的第四个段落，谈论的就是社会生活的本质问题以及个体 / 社会的关系。涂尔干经常引用这些名字，是不想和这种思考社会生活的方式保持直接的关系。

涂尔干的第二个关注点隐约出现在了这些摘录中。他一再论及起源的问题，然后是自出现了国家以后的社会制度问题，他认为国家这个角色是起到团结和权威作用的能动因素，制度不可能是本来就有的，而是从来都有其社会起源。

通过传承自培根的唯物主义系统论，霍布斯用崭新的方法分析了受降协约究竟有何结果，从而帮助涂尔干摆脱了国家"神秘"论，并使之在分析的时候，明确表达了在强制与同意之间需要怎样的艰难辩证。此外，霍布斯对自然状态的反思也同样向社会学家表明了国家到底会采取什么样的重要举措来生产出个体，让儿童依附于家长，使公民们，也就是具有行会性质的专制制度下的劳动者与主子获得解放[①]。在读了本书中涂尔干对拥护奴隶制的社会、国内社会及宗教社会所作的评注后，此种假设就会拥有另一种截然不同的意义。况且，涂尔干之所以赞同霍布斯，是为了肯定整体高于部分，故而社会也高于个体。

该讲义当然是对霍布斯的伦理哲学与政治哲学所作的

① 埃米尔·涂尔干，《社会学讲义》，Paris，PUF，1950，p.99。

综合论述[1]，但与此同时，涂尔干在表达这些假设时，也预感到自己所作的分析，并不会像在《社会分工论》中通过指出"自由—意志"的角色来思考什么叫作契约那样，彻底地固化下来。我们读过"国家的起源与本质"这一章后，就会更好地理解什么叫作自由意志，他之所以将之置于社会契约的核心地位，是因为恰是自由意志使得社会契约具有强制力。

我们发现涂尔干在用这种方法讨论霍布斯的时候，也同样对家庭问题产生了兴趣，而他自在波尔多上的最初几堂课起，就有了这种兴趣，他认为家庭乃是社会最根本、最古老的形式。微社会 (microsociété) 类似于市民社会，因为它也是筑基于契约和某种人为的关系之上的。

伦理是近似点的另外一端——我们要记得，1890 至 1891 年整整一年，涂尔干都在讲"风俗与法律的生理学 (普通物理学)"。该主题，他在今后的几本著作中均会反复论及。

涂尔干对宗教社会，以及对霍布斯就崇拜所下的定义或将人与上帝结合起来的两种契约的本质所作界定的方式撰写的长篇评注，预示了他将会经历某个极为独特的时刻：解

① 如果我们理解 Stéphane Gillioz 的话，就会发现在诸多我们拥有的论述霍布斯的专题著作，以及 Georges Lyon 及之后的 Raymond Polin 和 Michel Malherbe 的论著中，该讲义也算是一本。S. Gillioz，"霍布斯在法国的接受度"，见《哲学研究期刊》(*Zeitschrift für philosophische Forschung*)，Bd. 46，H.1（1992 年 1—3 月），pp.124—139。

读罗伯腾·史密斯的《闪族人的宗教》(*The Religion of the Semites*)一书。我们现在知道,解读完后,涂尔干会将注意力集中到宗教现象在社会中的角色及功能上面,就像同样是在1895年,他在论述圣西门时,希图论证社会是如何建立在彼此之间的感受之上那样。该假设在本书中也有涉及,但按照的是霍布斯论述同情以及“我们对他人的好感”时的那种方式。

涂尔干力图明确自然法与民法在霍布斯的理论中占据何种地位的做法,最终清楚地表明了他对法律和社会调节功能这样的问题仍旧很关注。法律、伦理和宗教并非没有共同点。它们互相竞争着,都想要去维系社会的内聚力。

然而,霍布斯是否可被视为前社会学家呢,涂尔干在他这份讲义的最后几行似乎就是这样说的?他当然能预感到当代的某些问题,所以提出了一套崭新的方法和描述的模式,但这样做够不够呢?在这两位作者之间存在着本质性的差异,可这只是出现在他们对社会下定义的方式上面,他们赋予个体以何种地位上面,甚或是他们对社会关系及其形象下何种定义方面。对涂尔干而言,社会就是一个组织,也就是说社会是某种物质形式,有能力去履行某些至关重要的职能。社会本身并不彰显,它并非是个体的简单总和。这是一种新的个体。

该讲义并非是针对教师资格会考者而拟的哲学报告。它所用的方式很完美,涂尔干就是用此种方式来说出哲学上的反思,对社会进行分析的。对社会科学来说,哲学在一个多世纪的时间里成了某种至高的学科。皮埃尔·布尔迪厄在其最新的著作里着重指出了哲学在培育20世纪50至60年代他那一代的社会学家方面起到了很大的作用。而涂尔干在讲课的时候,也特别强调了这层关系在初露头角的"科学"社会学与哲学之间逆转的维度:如何在哲学的范畴内注入某种社会范畴的气息,或者说,知识范畴尽管有其边界,但如何能使之长时期地对某些本质性的客体进行反思。

让—弗朗索瓦·贝尔

原编者按

我们用（illis.）标明无法辨读的某字，用（存疑字或段落加问号）来标明不确定的某字（或某段落）。此外，还重新用到了大量缩写。脱漏之处，则用省略号填入。

为了更好地理解该文本，必要时，还对错字作了更正。为使文字更晓畅，我们会加一些字（用括号标明），甚至稍许改变某些结构。不过，我们既不想把未完的句子续完，也不想使晦涩难懂的段落显得更明白。最后，文中所有的注释均为编者所加。

让—弗朗索瓦·贝尔

教师资格会考中的霍布斯

生平与著作

（……）归根结底，科学的整个目的就是机体，社会自身就是个机体，它是政治机体。因而，社会科学就和其他的科学一样成了同一个循环的一部分（illis.）。

政治与伦理同其他科学的区别极少，霍布斯的主要目的是想优先引入后者所用的方法，方法得到使用就表明其具有功用，而这就涉及到要采取能为共同生活（ad vitam communem）的人所用的同样那些程序。

直到现在，针对这些问题所提的一些观点都是受了个体激情的启发，（illis.）从个体到个体，使得达成一致意见成了不可能之事。霍布斯的事业就是要用客观的结果去替代这些自相矛盾的偏见，就像其他科学以及数学的那些真理一样，这些结果会受到所有人的承认，多元的感性意见也会接纳它们。

因此，我们发现自己面对的乃是一个庞大的哲学体系，其目的就是要以机械的方式来阐释世界，其中也包括人和社会。因此之故，霍布斯有别于他的那些后继者与同代人。首先，这样一种构造丝毫不像洛克以来的英国哲学闭门造车的那些虽很精妙却又单薄的分析法。霍布斯是个堪称极端的理性主义者，认为就连宇宙都可以演绎推断出来，对他来说，收集事实的科学并不是科学。对他而言，从事哲学并不仅仅是去分析理智的机械结构，还要对自然进行重新思考。他在从事理论方面有很大的抱负，提及的都是欧洲大陆的思想大家。但他和他们却有分别。认为运动法则就是自然法的看法并非为他个人所独有。这是伽利略的好几项发现合力导致的一个观点，况且在17世纪，这个看法就已成了科学氛围的一部分。我们知道，笛卡尔也采纳这种观点。但他并不承认该观点可用在这一主题身上。（……）

相反，霍布斯的思想却完全转向这些事物。他是用物的视角来看问题的，科学的统一性也是建立在物的统一性之上的[①]。并没有两个层级（illis.）。从那时起，哲学就不再外在于

① 霍布斯的这一哲学方法转移到了涂尔干那里，涂尔干就采用了如下方式，他说研

各门科学之外，不再掌控科学，它和后者处于同一个水平面上，它只不过是各门科学的综合，是该课题的科学，所有从该课题派生出来的东西都只不过是像其他科学一样的一门科学，虽复杂性上超越了它们，但仍需依赖之，因为它们就是它的根。

不可能不注意到这样的结论肯定会让人想起孔德。对他们而言，哲学的使命就是要使科学系统化，要将之扩展到整个现实当中[①]。必须意识到早已建构而成的各门科学达成的结果，而且得将那些直到现在仍未被视为科学对象的事物整合入由此形成的知识当中去，而这就是霍布斯的目标，也将是孔德的目标。并不是说直到有了这个观点，即要对从最简单到最复杂的各门科学进行系列的分门别类之后，才会让人想起孔德的哲学。之所以有差别，是因为时代不同之故，所以他们无法对科学、科学的方法、科学的精神拥有同样的观点。

（……）

究事实就要像研究事物一样，需使之同参与这些事实的有意识的主体区分开来。此种方法恰好和某个历史哲学相左，孔德，尤其是斯宾塞和密尔是其主要代表。就此而言，对涂尔干来说，霍布斯属于哲学的理性主义及科学传统这一脉。

① 如果说霍布斯与孔德本质上的趋同之处乃是方法论上的，那涂尔干所做的比较就超越了必须遵守科学要求的规定。另一个共同点是：断定社会整体无法化约为各个部分。社会的组合并非叠加，亦非简单的结合。

人

（……）人类的精神有两种功能：一种是想象的，或构想的认知功能。另一种，他称之为运动功能。但这两种功能的每一种均可划分成另两种更为受限的职能。两类认知功能和两类运动功能。（……）

两种认知功能一方面是感知及其衍生物，另一方面就是理性（Raison）。感知是一种概念，我们对某样事物拥有概念，是因为该事物当下的活动之故。我们身上所产生的运动，是由外在的运动而起的。感知乃是由运动形成的。确实，按压眼睛或揉搓眼睛就会出现"幻视"（phantasma lucidi）的光亮，按压眼睛就会这样。可是，感知根本就不是这种类型的幻视（phantasmata）。因此，感知是由机械活动形成的，虽然是运动，但无法直接通过感官去观察到、察觉到它。（……）

然而，感知只能是当下发生的，或已经发生的。所以，它们只有和过去相比才有客观的价值。如果未来完全未成形，那感知就只能去做出推测。当有人观察到事件总是由同样的方式引起时，他就能预测这些事件还会因此而再现。但这种期待的状态却是一种颇成问题的预测方式。不仅（未来如此？），而且往昔的部分也会如此，若并未直接体验到往昔的话，那也就只能通过推测的方式来了解它。（……）

这种关联并不能被视为具有普适性，尽管可以认为这两种有关联的项也支持由因到果的关系。这样一来，我们就能确定（illis.）随之而来。但感知无法达到（那个？）因。它让我们熟悉的是那是什么，而非它为什么这样。（……）

普遍概念与政治方法

（……）人类的统治由两个不同的部分构成，一是自然的成果，一是人类的成果，对政治而言，首要的问题就是要去研究社会属于这两个问题中的哪一个。从中发现的必定是自然的产物，还是人类技艺的产物呢？霍布斯支持第二个观察[①]。

为了理解其中的原因，就必须参照刚才就这两种活动所说的那些话。能被归于自然的是消极活动的产物。既然社会能被视为自然的存在，既然它明显就是我们活动的结果，那它就肯定会拥有意志（或？）拥有我们的感受，它就必然会与我们的机体有关联。然而，亚里士多德有个看法，他认为人乃是社会动物，这一点遭到了霍布斯的驳斥[②]。

---

① 这儿涉及到了涂尔干社会学的一个核心之处，他认为各种社会并未遵循人为的观念，而是相反，它们都是自然现象的结果。集体生活来自于原初的一个事实，即涂尔干在《社会分工论》中提到的那种联合。这位社会学家所反对的是斯宾塞式的神话，照后者的看法，个体通过协作，就会导致社会的产生。

② 在手稿前一页的背面，我们可以读到这样的话：“唯灵论中的唯物论。组织本身

1. 尽管社会是自然的，也就是说是建立于事物本质的基础之上的，但仍可以说人类当中普遍存在（类似于？）激情的某种东西，那就是同感。确实，这种本质存在于所有人身上，所有人都应该是一视同仁的同感的对象。可是，根本就不是这么回事。因此，我们对他人的倾向并不取决于人类的建设，而是取决于人类身上具有的那些偶然的、变化无常的、次要的品质，这些品质，有人有，有人没有，且并不存在于人类的本质之中。社会生活，只是偶发性地建构而成，并非人类本质属性所致的必然结果，而是由人类那些偶发且偶然的属性构成的[①]（《论公民》，I，2）。（……）

因此，根本就没有什么意志使我们依附于共同的、非个人化的、社会的目标，结果，超越种种限制而自愿形成的各个社会就只能是个体为满足自私自利的激情而寻找的种种手段而已。从这个分析可发现，不仅社会并不是建立于人性之上的，更有甚者，它还包含了众多反社会的萌芽。霍布斯并不相信人是彻底非社会的（a-sociable）；他在一则注释（II，8）中承认，永恒的孤独让个体难以承受，有了（这个意识？）以后，

就是自然的，且将自然唯灵论化。”

① 对涂尔干来说，相聚和的形式能按照个体集中进程的诸要素而产生改变。社会现象会“随着构成社会各部分的聚合方式”而变化（《社会学方法的规则》，p.111）。由此可见，重要的是能够去评估其容量、环境（对自身宽松还是收紧）、限度，甚或是密度。

其中一些人就会彼此寻找，彼此联合，只是在这个特别宽泛、极不稳固的社会性以及政治社会所规定的稳定的本质之间，有着一道很大的鸿沟。

为了理解这个功能，理解构成凝聚力的某些特殊关系存在的理由，就必须有另外一种和该倾向不同的东西，必须有一种特殊的准则，它并非由自然所致。此外，虽然人类天性就有建立政治社会的欲念，但这样还并不足以建立这种社会。若纯然只是有这样的欲念，那还不足以创建它。

2. 这种相对而言的非社会性（该章结尾）因这样一个事实而更得到了强化，即人天生就是平等的。确实，强者可轻易遭弱者的剥夺这种生活是极容易被摧毁的。因此，对所有人而言，都有同样的风险，这种平等性面临着危险，至少得去提防它，而正是这种平等性让大家都成为平等的（I，3；II，162）。此外，从精神的角度来看（illis.），还有一种更广大的平等性（《利维坦》，I，13；III，94）。

如此一来，任何一种社会权威或社会优势地位都不是建立于事物本质的基础之上的，因此，如果并不存在不平等，那么任何一个组织就都建立不起来了[①]。最强者、最聪明者能使

① 霍布斯在此对优势地位的基础所作的阐释在涂尔干那儿产生了回响，涂尔干对权威进行了反思，他认为权威并不来自于任意一种客观的优势地位，而是臣服者的表现造就了这种权威。

最弱者臣服，这乃是秩序的开端，而个体原初的均质性却并不包含这种秩序。不仅均质性不允许产生稳固的安排，它甚至还是冲突永久的动因。因为，尽管并不存在自然而来的优势地位，但总是会有人自认比他人高出一等，想要去掌控他们。由此而来的结果就是长期的内战，彼此都想去守住自己的所得。战争便无法消停。并不仅仅是人或彰显的财富成了冲突的起因，在聪明人之间同样会有此种效应的对立，每一方都想将自己的观点强加于他方，且持藐视的态度去对待那些和他们持不同想法的人，这样一来，人类就有了互相毁灭的倾向（《论公民》，I）。（……）

简言之，这整个论据都能被归结为如下两个原则：

1. 根本不存在能服务于人类共同目标的普遍的人性。只存在个体的目标。因此，至少没有天然就有的社会性，从而足以导致政治社会的诞生；

2. 天生的平等阻止了这种组织的建立，无论是通过隶属的关系，还是通过合作的关系，都不行。前者之所以不可能建成，是因为并没有天生的不平等。后者是因为依据人与人之间的相似性及其平等性，人类只能用武力来解决纷争。由此而致的结果便不仅仅是社会的原子化，而且还有暴力的无序化，会出现长期冲突及广泛冲突的状态。

这样，就产生了只为自己的激情，赤裸裸的本性，而这就是战争。可见，必须明白的是，这不仅是一种所有人反对所有人的战争，还会存在一个时期，在此期间，人类拥有只用武力来了结纷争的意志。在这个时期，普遍的不稳定感和不安全感要大过实际存在的暴力行为。

自然法或伦理法则

（……）不应忘记的是，霍布斯的目的并不是为了阐释过去，而是为了重新找到一系列的概念，而其中的社会观最终会变得有逻辑。为此，必须在没有任何一种持续性的解决方法时，使这些观念及解决方法连贯起来。可是，不可能一蹴而就，马上就从自然状态过渡到社会观，在这两种观点之间，有一个空隙，恰好能用自然法的观念把它填满。这也就是后者存在的理由。

同样的观察也能重复用在自然状态上。在将自然状态作为分析的起始点时，霍布斯并未理解的是，还有一个只存在这些状态的时期，也只有在此之后，理性才会建议人类成为自然法的（主人？）。但必须知道的是，在创建社会的时候，理性占据何种地位，首先不要去考虑理性，确定如果理性不存在的话，人类究竟该如何开始，然后渐渐地使理性介入进来，观察通过接二连三的介入之后，理性带来了什么。

但自然法的这种表达法究竟是从哪儿来的，毕竟，霍布斯就是用它来设计这种理性规则的。它是理所当然地突然出现的。自然法（Legis naturale）与自然状态（status naturalis）相对立。由此可见，它们都是以同样的方式来给自己定性的。前者理所当然就是理性的作品，后者则是激情的产物。两种彼此相左的事物究竟如何能都被称为自然。（……）

因此，契约就是这种转变的明显的形式，（甚至？）所有的社会关系也都是如此[①]。因为，社会关系只有通过让步才有可能形成，经由让步，人类才会给自己的自然权利划定界限，但从霍布斯的这些原则来看，这样的让步只有得到理性的赞同，方能为彼此所用，这种相互性只有通过联接个体的契约，通过这些被限定的关系，才能得到较为有效的保障。因此，恰是通过契约这条途径，人类才能从自然状态里走出来，才能使彼此之间的关系（得以成形？）；因而，它就成了人类整个交往过程的基础。（……）

---

① 对涂尔干而言，霍布斯的契约化概念并无有效的历史基础。因为，正如贝尔纳·拉克鲁瓦（Bernard Lacroix）所明确提到的，涂尔干认为重要的是，要从社会出发，来理解政治实体的起源，这些实体之间的关系，以及个体在领土上的分布，还要去理解“在这些进行合并的统一体的内部，像政治活动这样特殊的活动该如何被区别开来，因为政治活动的目标就是要去解决它定性的那些‘共同’的问题”。见贝尔纳·拉克鲁瓦，《涂尔干与政治》（*Durkheim et le politique*，Paris，Presses de la Fondation nationale des sciences politiques，1981，p.218）。

契约成了最初的、最根本的事实，从而使正义和不义的概念都源自于它，而不管它的起源有多遥远[①]。通常而言，我们会把契约视为对先前某些规则的运用。然而霍布斯却持相反的看法，他认为是契约确立了正义。因为，不义的行为（会僭越？）属于他人人身的且只属于其自身的某些权利。但在自然状态中，只有在我们每个人都没有权利，且任何权利都尽可能没有的情况下，他人才能有权利。

照我们的看法，为了使某些权利为他人而非我们所拥有，就必须（通过）转让某些自然权利，来剥夺我们的权利，以有利于他人。可是，这样的转让是通过契约来实施的，所以也就是通过契约，我们才能为我们的同类建构一个我们自身无法进入的领域。这些非法的蚕食行为恰恰就是不义；故而，契约同样会造成正义的和不义的行为。（……）

然而，契约究竟是从哪儿得到这种特权的呢？难道是因为各方意志全都联合起来，完全自由地赞同它吗？但为了接受这样的解释，就必须让这样的自由拥有伦理上的价值；或者如康德所坚决认为的，唯有契约拥有立法上的权威，或者如斯宾塞所持的明确看法，契约乃是安排个体利益的必要条件。

---

① 参见前一页的背面，上写："社会生活并未归结于它，但它确乎是一个稳固的形式，是内核。"

然而，霍布斯丝毫没有理由去赋予契约这样一种特性，因为他并不承认这种宗教式崇高性的表达法，而康德却赋予契约以这样的崇高性，另一方面，他也不是斯宾塞那样的个体主义者，因为他把个体的自由看作无序的根源，而无序无论对个体，还是对社会都是致命的[①]。（……）

但问题却变得越来越困难了。契约的这种强制性的（力量？）究竟来自何方？必须完全合乎逻辑，每个订约人才会同意自己的看法：任何一份契约都是理性的作品，要不然，若是自相矛盾的话，就会和理性相悖，也就是说会徒劳地（illis.）某样事物。可是，同意契约，却不去执行，就等于是废除了契约，使订立的契约无效，是在自相矛盾。因此，为了忠实于契约，就不能使之变得不合逻辑，必须去分析协约的本质，且从中得出结论，即一旦存在可能性，就应该去执行契约。霍布斯和康德一样，都认为必须迫使订约人面对自己。不能依靠他人这么做，而是得靠他自己的理性，只有在理性中才能找到对他人义务的根源。要变得理性，就只能强迫自己这么做。（……）

① 让涂尔干感兴趣的是这样一个事实，即对霍布斯而言，无论如何，社会均不应筑基于构成其自身的个体的利己主义之上，而且也不应纯粹建立于私有的利益之上。社会首先是伦理的社会，它要求的是个体必须将自己看作是整体的一部分。对霍布斯来说，必须遵守伦理，要学会合作，而且要做好与他人合作的打算，以便获得对自己有益的东西。

国家的起源与本质

（……）然而，为了能确保和平，就不仅必须让各方意志，而且还有行为，去遵从法律。我们不应该（违背？）法律给我们所下达的命令，只有在法律的范围内，我们才会认为他人和我们是一样的。因此，只要这种相互性还不确定，自然状态就根本不会需要法律，我们也不会善罢甘休；战争状态会继续存在着，至少像一种应急的对策，只要觉得没保障，理性就无法放弃这种策略（《论公民》，I，2）。换句话说，自然法源自和平条款，但并不足以实现和平，因为自然法本身并没有权力去迫使人们，所有的人，去遵守它。（……）

这种独特的状态，究竟是如何构成的呢？难道用了什么独特的方法？非也。它是因契约而产生的，是大量契约造成的结果，它们是各方在彼此间形成的，通过契约，每个人就会将个人的意志臣服于君主的意志，只要其他所有人都这么做就行（VI，20）。

我们发现协约并不是在君主和臣民之间签订的。因为，既然协约必须，而且是只能由即将产生的习俗来确立，那当协约签订的时候，肯定还不存在君主。因此，只存在潜在的各方，所以，他们没法彼此签订合约。由此可见，既然君主并非缔约的一方，所以他一旦上台，就不会通过任何一种契约来和他的臣民们建立关系。可相反的是，臣民却对他负有义务，得向他上贡，他们向他上贡是出于自己的权利。因此，这双重义务就成了国家的基础。这样的义务通过彼此之间的协约，将个体与他人联系了起来，这样的义务通过有利于后者的单方面的权利转让，将每个人同公认的权力联系了起来（《论公民》）。

尽管有了这张双重关系网，但我们还是会很惊讶，一份或几份契约竟然会造成这样的结果。确实，如果说自然伦理还无法自给自足的话，那是因为契约也无法自给自足。因为契约只不过是字而已（《利维坦》，17）。什么都无法向它们提供保证。是否有可能，一份契约或一系列契约使其自身有效呢？因为以社会为对象的契约有个极其特别的特点。一旦契约形成，就会出现一个新的（功能？），使之具有它们本来并不具备的强制性形式。然后，有了这些基本的协约，其强制性功效就会扩散至其他协约及协定。因为，自此以后，君主受任命后，他就有权强迫其他人履行合法商定的义务。（……）

从这个角度来看，就可以解释 civitas 概念为什么会展现出含混性。从某些文本来看，civitas 只能理解为君主的个性。反之，在其他地方，civitas 又是指全体公民（……）。因为在现实当中，国家和社会并不是截然不同的两个实体，而是同一个实体的两面。国家只是共同体的代理人，是共同体的组织机构，仅此而已，它不可能因某些个体天生高人一等并迫使他人接受其天生的优势地位而形成。人类的天赋平等阻碍了这样的社会在所有合法的组织机构之前形成。不平等非但不是社会组织的基础，反而是它的结果。是后者造成了不平等。因此，掌握臣民所有权力的主人从特定的利益出发，也会代替臣民，对其共同利益多加留意。

（各方？）与国家

（……）这就是国家理论，从各方所处的地位来看，它受到了先前诸原则的规定，这些原则通过社会协约要求他们能赋予社会的代理人以绝对的权力。他们完全臣服于他，为使此种权力的授予不致变得徒劳无功，臣服乃是必须之举。但尽管如此，也并不是说他们必然就会无条件的臣服。霍布斯称之为“直接臣服”（obedientia simpla）。但这并不是说他认为必须毫无保留、毫无例外地一味去臣服，而他这么做仅仅是因为他无法要求更彻底的臣服。事实上，在有些情况下，不遵命乃是合法的[①]。确实，有了契约，每个将自身的权利转让给

① 伦理行为的特点，首先在于义务概念。当我们观察到伦理现实时，就会发现对霍布斯而言，这样的伦理现实其实就是规则的集合体，它要求的是官员必须懂得如何在限定的环境里活动。

君主的公民就无法将那些不可让渡、不可转让的权利让渡出去。可是，我们都知道任何人都无法放弃保护自己生命的权利，像要求放弃生命的那种契约因其荒谬而是无效的。（……）

各方的地位因此就和君主的地位翻了个个。后者并无法律上的义务，却有伦理上的义务。而公民则相反，法律上的义务几乎无穷无尽，但伦理上的义务却极受限制。霍布斯甚至明确地说只要不犯罪，他们可以不去遵从自己的良知（《利维坦》，XXIX，III）。总而言之，针对他们的只有民法，就像针对君主的，只有自然法。因为，公民社会之所以诞生，就是因为将属于自然状态的万物让渡给了君王；将各种权利和"自然法与自然权"（Leges et jus naturalia）这样的法律全都让渡给了他。社会的道德良知几乎完全被万人之尊给吸纳了。唯有他可以决定何为善，何为恶。他用法规来规定和认可个体应该去熟悉这些法规，以便了解自身的义务。法律上的屈从要求且招致了某种伦理上的无知，这便使屈从更易被接受。

然而，仍然有个假设，该假设认为，臣民若是（不？）同意让君权结束的话，似乎也就不可能去承认君权也有终止的一天。似乎若是臣民不愿再要君权的话，君权就无法维系下去，而这样的矛盾就会摧毁君权。各方并不愿意这样。必须（illis.）君主，将之罢黜。因此，霍布斯为了让自己前后一致，便拒绝他们拥有这项权利，但他虽然避免了这个矛盾，说理却并不晓畅。

首先，至少应该达成一致意见。人数占大多数还不够，因为多数人约束少数人的原则不在自然范畴之内，只是世俗的制度而已，只有通过君主且在君主的保障之下，该原则才会有效，因此也无法援引该原则来反对他。（……）

自然社会，奴隶制，家庭，宗教社会

依照契约形成的社会并不是唯一存在的社会。若不存在优势地位，部族唯其马首是瞻的话，是不可能有人类团体的。然而，在公民社会中，此种优势地位乃是人类制度的产物，这也就是为什么会存在“制度社会”（societas institutiva）的原因。从大量的例子来看，自然（权威？）起到了相同的作用，因此之故，因权威而诞生的社会均可称之为自然的（《论公民》，12，VIII，I）。重要的是要去研究这些社会，以便明确它们和公民社会之间的关系。

其中最先出现的是主人与奴隶形成的社会。自自然状态以降，这样的社会就潜在存在着，之所以如此，是因为战败后，败方为保全性命，保证毫无保留地臣服于胜方。于是，就会签订双方均能从中得益的契约，从而导致特定（sui generis）

社会的诞生。但出现这样的义务，并不仅仅因为存在强势者，还必须在各方之间签订协约。如果胜方将败方束之于囹圄之中，那后者自然也就不会感激前者：因为胜方针对败方所采取的预防措施表明对他并不信任，可是照定义来看，若想签订协约，就必须信任这样的约定。(……)

这样的囚徒并不是奴隶(servus)，反倒成了监狱犯(ergastulus)。他会杀死自己的主子，还想办法在不违反自然法的情况下逃之夭夭。但如果胜方让他获得身体上的自由，情况就会完全不一样。胜方的信任表明他对败方的俯首听命还是颇为看重的。从败方的角度来看，一旦获得此种自由，就表明他接受主人这一方施加于他的约束。可以这么说，自然社会就是各类契约的产物，既然所有的社会关系均源于契约，那情况就不可能不是这样。只是，在某种情况下，是契约造就了优势地位，而优势地位实际上则使社会的形成成为可能。在另一种情况下，此种优势地位在契约之前即已出现，那就只能去接受它了。

家庭社会也不可能以其他的方式形成。孩子的依赖性并非是某一代人的作用和结果，因为在家长观和(illis.)观之间，并无值得分析的地方。可孩子出生了，他的出生也就自然而然地落入了最亲近者的权威的掌控之下，如同整块物质落入重量最重、距离最近的大块物质的影响范围之内[①]。而家长就是这个权威。但在父亲和母亲当中，只有母亲从一开始起就和孩子维系着最紧密的关系。因此，孩子也就自然而然地依赖母亲。有意思的是，霍布斯就是这样借助于三段论来重构这种类型的家庭社会的：而且，他的论点也表明了并不存在后来为巴霍芬[②]所用的那些现象。（至？）于父系的威权，则都是从母系的威权转让过来的。只有当女性和男性结合，受缚于私约（contrat privé），心甘情愿地受丈夫威权管辖之时，或在公民社会里，法律规定她处于这种地位时应保持何种本分之时，这种威权才能确立起来。在其中一种情况下，孩子，和他们所依赖的母亲一般无异，都得听命于父亲。尽管如此，家庭社会仍和奴隶一样，并不是源自母亲身体上的优势地位，而是部分依赖于心照不宣的协约，而这种协约在此种自然优势之中自有其根源。确实，由于母亲是在抚养而非杀掉孩子，由于她有这样的权利，也有这样的方法，所以她就认为不能让孩子成为自己的敌人。（……）而从孩子的角度来看，他得承担服务的义务，只有这样，他才能获得生命，尽管他并没有缔结这样明确的契约（XX，III，1，2）。（……）

① 在页边，可以读到："需有强大的逻辑，才能打破如此传统的关系。"

② 约翰·雅各布·巴霍芬（Johann Jacob Bachofen, 1815—1877），《母权》（*Mutterrecht*, Stuttgart, Krais & Hoffmann, 1861）。

下面是最后一种最具重要性的自然社会。那就是宗教社会。

诚然,霍布斯并没有明确地赋予它这种资质。但无疑,从某个层面来看,在霍布斯看来,它和另两种自然社会也有着同样的特质。

首先,它也是一种社会。其表达方式也都是借用而来的。(……)

即便是神圣王国,却也没包含所有的人,而只是将那些承认神圣权威的人纳入麾下。无神论者并不是其中的一分子,同样,公民社会的敌人也无法成为其成员。它不仅是个社会,而且还是个自然社会。因为,让这些(illis.)显得与众不同的是,它是以君主为中心而形成的,而君主的威权则取决于那些纯粹自然的(特质?)。(……)

可是,存在这样的自然社会,倒是提出了一个问题,而家庭则不会提此等问题。后者隶属于君主这一点是毫无疑问的。一家之主与一国之君比起来,只不过是其中的一员而已。相反,宗教社会则截然不同,其君主要高于所有的君主。可是,难道能就此断言,说宗教社会与公民的权威毫无瓜葛吗?但这样就会和该学说的准则产生龃龉。只有将宗教社会归结到集体性上面时,该学说才能说得通。

那该从何下手呢？只要把教会看作是自然社会，其策略就容易被超越。（……）

那事实上，上帝通过理性而非其他媒介给予人的这些法律究竟怎么样呢？“要用理性的话语”（Per verbum rationale）。其中有两种类型。第一种和人的行为有关，指的是人与自己或与其同类相处时的行为。当这些自然法出问题时，上帝就成了自然状态至高无上、独一无二的保障者。从这个层面来看，宗教和伦理混淆了起来；既然在公民社会里，伦理的任务是要将君主视为代理人，既然他就是组织者，那只有通过他，伦理才能成为现实，宗教也同样如此。（……）

什么是信仰？

这是一种行为的集合，人们借此将自己内心里认为某人具有优越性而且具有善的那种情感外在地展露出来。（……）

（因此？）和上帝讲话的时候，信仰就在于通过约定俗成的做法外在地表达对神性的尊崇依恋之情。之所以如此展露，是因为它们可用作（illis.）经展露而呈现出的情感。因为人们会去敬重那些他们想要去尊敬的人，他们只会去尊崇那些他们想要去尊崇的人。这就是为什么所有的当权者，即便是凡人当权，都会要求崇拜，否则的话，权威就会衰落。用这种方式，当权者就能扩张自己的帝国（《论公民》，XV，13）。

如果真是这样的话，那就可以轻而易举地理解在公民社会里，国家为什么应该掌控信仰。因为，仪式就是符号，但只有当符号的意义不仅得到使用它的人，而且还被围绕着它的所有人所采纳，那这个符号才能起到符号的作用。大家也都同意赋予符号以重要性。只有当（illis.），也就是说当国家所颁的勋章成了“荣誉符号”（signum honoris）时，才有荣誉可言。因此，宗教信仰都是唯君主意志的马首是瞻。将此种特权赋予他之后，他不仅不会违背上帝的意志，而且还会与之相符，因为如果在这样的社会内部，唯一的一门语言被创建出来，并不是为了表达人对神性的情感，那结果就会导致语言混乱不堪，使得人们再也无法彼此理解了。（……）

人与上帝之间签订了两份协约。最古老者可追溯至亚伯拉罕，后经摩西修订。另一份是让基督当“新旧约”（Pactum vetus et novum）之间的媒介。霍布斯竭力想要证明的是，新旧约和他的学说没有任何抵牾之处。确实，我们发现上帝总是会让公民社会的首脑当中间人。至少从法律角度上说，世俗权力和宗教权力总是会在他们的手里结合起来。(尽管)基督是新联盟的组织者，可照先前的原则来看，这个联盟没有丝毫的不同（《论公民》，XVI；《利维坦》，XL）。确实，基督并非尘世的君王，而且他的国也不在这世界上，只有等到末日审判的那一天，他才会有所行动。他的到来并不是为了统治和立法，而是为了教导。他不是国王，而是牧者。他没有确定你我财产的本领，却能弘扬拯救之途（《论公民》，XVII，6）。任何地方，只要涉及到俗世的宗教，基督及其代表就都无能为力，因为俗权依赖的就是国家。剩下的才是教权，也就是说教权只有通过基督的启示才能为人所知，而这儿涉及到的就是信条或信仰。但首先，这两个领域之间的区别，基督并未划分出来。因此，只能让理性，也就是公民权威，来对之做出规定。

君主不仅应该将这两个领域区分开，而且只有他才是对所有相应于教权及其应用方式做出阐释的最终权威。为了证明这条公理，霍布斯首先认为，在教权的领域内，唯一的法官就是教会。然后，他给教会下了定义，按照该定义，教会和公民社会混同了起来。因为，教会就是民众，它包含了所有公民，结果就和城邦无异。但从另一方面看，为了使这样的民众能作为集体而行动，那就必须按照某些权利原则，在某一个时间，某一个地方，可使民众合法地联合起来的情况下，将他们建构起来，也就是说将之联合起来。而且还必须强迫所有聚集起来的人这么做。因为如果不强迫的话，那至少从法律上讲，每个人就都能自行设立教会，也就是说有多少个体，就会有多少教会。因此，教会就要掌握一种权力，迫使信徒投身于它的怀抱，正是这种权力所具有的威权统一了教会，若使之（illis.），宗教社会就会分崩离析，成员们各自为政，这时候就只有各个部分存在了。信仰的一致性导致了信徒在该权威之下的联合，可以说，信仰的统一就是因。但这种权力只有君主才拥有，社会内部的所有群体都得唯他马首是瞻。因而，无论从形式还是内容上来看，教会都和政治社会混同了起来。它是由同样的要素构成的，而社会也是由这些关键的要素形成的。果真如此的话，如果教会就是国家，那国家首脑就既拥有至高的尘世权力，又拥有至高的教权了。确实，若想阐释教权的律法，就应该去向那些有名望的牧者咨询，但由于是国家首脑任命的这些人，所以他们也只不过是他意志的传声筒而已。（……）

自然法与民法

结语

我们已经经过了三个阶段，而公民社会就是其结果。非理性和非伦理的状态是自然条件的特色，从逻辑上看，是一种原始的状态，我们从那种状态抵达了自然法与伦理法永恒变动的理性状态，以便最终将我们提升至无个性的、无变动的社会秩序，比如说，民法就可确定这种社会秩序。（……）

因为，首先，既然是出于城邦的意志，那么自然法操作起来也就会很有效率，所以说所有的自然法从某种意义上来说都是民法。反之，民法从某种意义上说也都是自然法。因为，自然法要求的是某些普遍性的义务，却并未规定这些义务适用于何种境况；自然法规定不得杀我们的邻人，却并未对我们说究竟谁才是我们的邻人。所有人都没有权力去做这样的定性；我们可以在战争中杀死罪犯；在自然伦理的统治下，无论谁威胁到我们的生存，我们都可以处死他。同样，不得侵吞他人的财产，但我们却不知究竟从哪儿算起才是他人的财产。

简言之，前社会的自然立法，因其仅仅是极端简要的概述，许多东西都是语焉不详，恰是因为这样，才使得（illis.），冲突是如此无法确定，如此激烈，因为对这些结论所作的阐释完全可以任人自由发挥。

只有乔装改扮一番，自然法才能变成事实；只有在（illis.），人类的理性只能用总括的方式来限定它时，自然法才会如此。

让个体的理性想办法明确自然法，这乃是自相矛盾之举，因为这样一来，不仅连总括性的描述都将没有，而且还无法使这些概述发挥作用，确保和平。因此，这个任务就回到了国家身上，国家是通过民法立法来履行这项任务的，虽然这样的立法只不过是得到发展的伦理立法而已。另一方面，后者在发展过程当中所采取的形式必然就是伦理的。因为，既然社会协约上说明要臣服于君主，那自然法就会要求尊重契约，既然民法是建立在绝大部分自然法之上的，那自然法就成了伦理义务。因此，（法律？）通过这两者的协助，就能使这两种法规和谐相处。第一，原始法典虽然还不够充足，但绝对必不可少。第二，后者筑基于其上的基础都是借用自前者的。这两种解释都还是必要的，因为这样就能使解释让人信服，就算没签订契约，也能使两种涉及同样对象的法律成为可能。首先，其中一种不应该很完备，否则的话，另一种就只能去重复它，或和它唱反调了。其次，法律的完备必须符合它自身的原则。

因此，民法虽然和伦理有差别（简化了道德的原则），但也与之有关联。要使之具备可操作性，就需要设立民法制度。

因此，民法就显得像是自然法的后续部分。自然法（illis.）内心的法庭（in foro interno），民法则将它延展至外在的法庭（in foro externo），以便让它们与前者和谐共处。一方处理的是利益，另一方则将之扩展到了行为上。因此，自然法既不会因民法而显得模棱两可，也不会因民法而受限。故而，并不存在一种适用于某一情况的民法，要参照的反而必须是自然法，甚至就连民法都是这么说的。

若假定如此，那我们就能解决该学说和自然伦理其他体系之间一直存在的关系问题。我们已经发现，霍布斯所持的观点是伦理晚于社会，使他不同于其他对手的（illis.），是一种和诸多著作都相反的阐释。霍布斯和康德一样，都认为存在一（系列？）受理性认可的义务，然后才有公民权，义务一般都是从自然中简化出来的。（……）

洛克和康德（斯宾塞）[①]一样，也都承认存在一个前社会的状态，亦即自然状态。他们并未明确其特征，当然啦，战争算是一个，但我们已经发现，同样，对霍布斯而言，自然状态的特征倒并不是外在的暴力，而在于普遍的猜忌和不稳定。我们是否可以说，至少前者承认了像家庭之类社会小群体的自然形式吗？虽然霍布斯也持相同的看法，但他或许会给这些社会（形式？）赋予另一种解释。最后，从某种意义上看，可以说，照霍布斯的看法，政治社会并非建立于人的激情，而是理性的本质之上的。既然人类建立了各种社会，那它就不可

① 对涂尔干而言，康德的哲学部分印证了像斯宾塞这样的“功利主义者”所用的方法，功利主义者将社会简化为一个彼此独立的（interdépendance）体制，从而导致了个体的各种行为，而这些行为都是受私利所规定的。因为，康德认为社会是隶属于个体的集合体，个体几乎完全可以自给自足。

能是一成不变的，而人类作为国家的基础，就必须签订一份经所有人同意的协约。他们没有体验过国家，（国家）是某些位高权重者行使权力强加于他们身上的，但他们也接受了。只有（君权？）才能使他们离开集体生活，但理性在向他们提供创建集体生活的方法时，也使之理解了集体生活的必要性。

我们并不是想进一步说，将霍布斯及其对手区分开的，从经验上来看（a posteriori），是伦理规则这一特点。首先，伦理规则的内在本质实际上并不取决于伦理学家所主张的（认知）理论，其次就是经验论，（因为）洛克（和）斯宾塞以自然法为名已经击败了霍布斯。

我们就民法和自然法之间关系所说的话，可让我们更清楚分界线究竟在什么地方：两大派都反对霍布斯式的政治和伦理，他们提出的是自然权利。一方面，是义务伦理，伦理义务的理论家（illis.），另一方面是功利主义的经验论者。

对前者而言，在自然权利和政治权利之间，有一道深渊。只有自然权利才有严格意义上的伦理特质。这并非是一种尚未被伦理学明确阐释的形式，它完全自给自足，甚至在伦理学中更具有本质性。

真正的基本义务是那些抽象视角下（in abstracto）人的本质的简化版本。这种抽象的本质就是人的本质。至于民法，我们只看见功利主义的安排，它们绝不应侵犯自然的道德，民法本身并无内在的道德感，那是因为我们在社会里发现了某些外在于道德的东西，它根本无法将（先天的？）伦理构建起来。因此，民法的即刻目的很短暂，而伦理却能将我们更高的理想状态连接起来。社会秩序不应该与伦理秩序相悖，但这是两种截然不同的事物。

对功利主义经验论者而言，这种（区别）根本就不存在。伦理与国家都依赖于同样的层面，即个体的功用。社会之所以会组织起来，就是为了这些私下的目的，而私利也都是受伦理保护的。和前人一样，他们也提出只有在个体中，才能找到道德存在的萌芽和理由，这就使得这两个体系都有了个人主义的特质。只是，它们对个体的设想采取的是不同的方式。功利主义者在此看到的并非普遍的人性，理想的人，而是感性的人，而且就在我们中间。

这就使得他们的个性蜕化至（illis.）。结果，由于伦理只能实现短暂的目的，所以在它和政治生活不同的领域之间就再也不会有持续性的解决方法了。

霍布斯和所有人的观点都不一样。对他而言，最重要的是，民法与自然法均具有相同的本质。所有的事物均筑基于经验的条件之上，以经验提出的目的为对象。它们并非一个面朝天空，一个面朝大地，而是全都以让人类能生活下去为己任，在这项任务中，它们必须互相扶持。结果，自然法并没有凌驾于政治之上。它们并未受伦理的保护（illis.），不会去保护后者，而既然后者就是从前者派生出来的，所以后者也并没有对前者构成威胁。前者很不确定，它既能不停地成就自己，也能灵活应对各种各样的环境，而另一方面，由于是从自己筑基其上的那些原则演绎而来，所以它也接受了那些规定，不会去触犯它们。法律就是伦理的外层，伦理就是法律的内层。

但从另一方面看，这种持续性在霍布斯那儿得到实现所付出的代价并不同于功利主义者。尽管承认政治法规和自然法乃是同一展示的两个时刻，但霍布斯并没有把后者演绎为前者：社会秩序中有某种东西，明显超越了自然目的。

在其他伦理主义者中间，他原来的处境就是这样的。（……）

政治是自然科学循环中的一部分，而它就是这循环中的完满结果。在将社会事务当作自然之物来处理时，它每走一步都能应用该原则，它同意将社会事务当作其他事物来研究，并摆脱现成的观念、偏见、情绪，自然科学能促使我们更好地了解它们本身。想要臻至客观、非个人化之物的需求也许在霍布斯那儿显得更明显。他并不因为（立场？）（可疑？）就感到害怕，长期以来，传统一直就不会去考虑这样的立场，他批评它们，规定它们，就好像它们不在场似的，就好像他面对的是外部的某样东西似的，他要求它们给出存在的理由。他的大无畏精神与后来斯宾诺莎表现出来的并不一样。（……）

遗憾的是，他解释这些将社会领域和其他领域相结合的关系时所用的方式，并不允许他将这些他觉得如此鲜活存在着的新颖事物说得更清晰易懂。因为他自己就属于个体，他就是从中而来的。原则上讲，集体的实在性就是从个体而来的。但就此而言，如何才能让集体的实在性超越这一点呢？现在就来看看持续性的解决方案，他学说中的层层的推理论证及其两面性就展现了这种方案：自由与专断，民主的君主制，人工论还是自然主义。该方案很复杂，我们解释起来会很费力。问题在于，它试图通过个体将社会存在与其他东西联系起来，尽管社会生活具有很特别的特点，但这个存在却仍然无法起作用。

大事记

埃米尔·涂尔干（1858—1917）与马塞尔·莫斯（1872—1950）

1890年开学时，莫斯至波尔多和涂尔干相聚，后者要在波尔多教授教育学、伦理学和哲学，1894年《论公民》的讲义就是这样印行的。莫斯也上哲学家奥克塔夫·哈姆林主要关于斯宾诺莎的课，还有阿尔弗雷德·艾斯皮纳斯论技术或反射理论的课。

1896年：莫斯与涂尔干合作，编订《论自杀》一书。

1898年：2月，阿尔坎出版社出版了《社会学年鉴》第一卷，主办者是涂尔干。莫斯从第一年起就参与其间，在所有的合作者当中，他出力最勤，截至1913年，共出版了4本独特的回忆录和326份报告。

1902年：莫斯当选为高等研究院会议主持人，并教授未开化民族宗教史；6月，涂尔干被派至索邦大学任教。

1903年：他们在《社会学年鉴》上发表了《某些原始的分类形式》（第6卷）。

1912 年：涂尔干出版《宗教生活的基本形式》一书，他在该著作中使用了莫斯和于贝尔的研究成果，15 年前，是莫斯和于贝尔首先对献祭，随后对巫术作了研究。

1914 年：莫斯服兵役，任英国兵团翻译官。1916 年，涂尔干的儿子安德烈去世。不过，整整一代研究者中有很多人都相继阵亡，如罗伯特·赫茨（Robert Hertz）、安托万·比安科尼（Antoine Bianconi）、马克西姆·戴维（Maxime David）……

亦可参阅其他传记作品：

斯蒂芬·卢克斯（Steven Lukes），《埃米尔·涂尔干：生平与著作。历史及批评研究》（*Émile Durkheim: His Life and Work. A Historical and Critical Study*, Stanford, Stanford, University Press, 1985）。

马塞尔·弗尼耶（Marcel Fournier），《马塞尔·莫斯》（*Marcel Mauss*, Paris, Fayard, 1988）。

马塞尔·弗尼耶，《埃米尔·涂尔干：1858—1917》（*Émile Durkheim. 1858—1917*, Paris, Fayard, 2007）。

◆理性与文化◆

尼可斯·卡朗帕里基斯 编

目 录

序　言

(诸) 路径

这篇未曾在法语界出版过的稀有珍贵的文本，乃是 1993 年 9 月 22 日，赛尔日·莫斯科维奇在获西班牙塞维利亚大学荣誉教授头衔的颁授仪式上宣读的演讲稿。它是西班牙社会心理学第四届全国大会的开场讲演，主题为“面对新欧洲”（“Ante la nueva Europa”）。

此类庄严典礼所涉的均是以其著作及行动在科学或政治领域取得重大突破的、享有国际声誉的思想家。其所享有的荣誉和举办的仪式本身均素享盛名。

让我们稍微花一点时间来看看在我们眼前展开的这篇文本的内幕消息。正如赛尔日·莫斯科维奇所说，它是“文化”探险的成果。和这位作者的所有作品一样，它也是手动完成的，当然也是打字稿，而且是在塞维利亚的典礼上，紧随西尔维利奥·巴里加 (Silverio Barriga) 对新成员大加盛赞之后，用法语宣读的。后来，该文本由艾蒂特·勒·贝尔 (Édith Le Bel) 译成西班牙语，在塞维利亚大学内部印刷出版，发行是出于礼节上的考虑，故而受众面极小。我是在几年后才发现这篇印行的文本的，当时，我正在写论文，多亏了社会科学高等研究学院社会心理学实验室图书馆内藏有该作者的一册样书。尽管如此，此篇演讲稿的原稿花落何方仍难以寻踪觅迹。作者并未保存底稿。西班牙文版的译者 (手头本应握有该版本) 只记得有一本影印本，只是如今仍旧杳无踪迹。至于各家学院及其档案室，就更不允许去查找讲演稿的原稿和打字稿了。在获得作者的首肯后，再加上玛丽·阿历克斯·德·圣罗芒 (Marie Alix de Saint-Roman) 的协助，我方得仔细地将西班牙文版重新译回了法语。这到底算不算是“原”作呢？赛尔日·莫斯科维奇在宣读的时候是否亦步亦趋地遵循该文本字里行间的经纬呢？文本经过西班牙语的操作这层迂回之后，存在几多变形呢？今天有幸读到此文的西班牙大学的编辑和两位译者该负什么样的责任呢？

生成背景中的口头传承性和种种风险，并不允许我们以断然的方式来对该文本演进途中所提的多重问题做出回答。有一件事倒是肯定的：现在的这个版本恰是口头传承性、交互性，以及记忆与遗忘的不可避免性混合而致的结果，这也是从“测听术”一词的本来意义上而言的。由此便有了一向受我们重视的作者的自由：他的笔下提到了诸多经典作家（涂尔干、哈布瓦赫、列维—布留尔、西美尔、韦伯、雅斯贝尔斯、维特根斯坦、布鲁纳等），文风也是一如往昔，并不遵从学院派严格的写作规程。虽然如此，文章的布局仍旧很清晰，思想也是在与公众的交流中层层展开，文学或史学上的参引——作为塞维利亚城象征的教堂钟楼，当然还有堂吉诃德，更提及了多明我会的塞维利亚修士巴托洛梅·德·拉斯·卡萨斯（Bartolomé de Las Casas）——在这个独特的文化时刻将讲演置于某个背景中进行了分析。

无疑，该时刻也与赛尔日·莫斯科维奇职业生涯受到认可这一重要阶段相呼应。这次获颁的是他的第四个荣誉教授头衔（至今已有十四个），几年前他还获得了两项国际大奖［尤其是授予社会学与社会科学的阿马尔菲欧洲奖，获奖著作是《造神机器：社会学与心理学》（*La machine à faire des dieux. Sociologie et psychologie*）］。从专业上来讲，他置身于两股文化流中间，在巴黎获得博士学位后从事研究和研讨工作（1991 年，在 EHESS 退休），但也受聘于纽约社会研究新学院担任客座教授一职，自 1980 年起，他就在那儿教书。他笔耕不辍，且一直致力于将各个项目和各个研究团体整合入由他主持的欧洲社会心理学实验室内，他在巴黎人类科学研究院主持的这一无界国际网络出现得最早，创建于 1976 年。围绕他的理论在全球各地形成合力，活跃之余，最终于 1992 年在意大利的拉韦洛召开了首届关于社会表征（représentations sociales）理论的国际大会。

让我们再回到塞维利亚。荣誉教授头衔的颁发乃是以互动传播为职责的学院的一种仪式。由此，官方发言会染上一层礼节上的色彩，但也可成为内省或展望的一个机会。

这个机会被赛尔日 · 莫斯科维奇牢牢地抓住了，他在此发表的演讲通过反思与批评追溯了社会表征诸理论的轨迹："赋予我的这项荣誉产生了一个奇异的效果，即可使我对自身理论的路径做出反思，我决定要努力去把握理论演绎期间涌现出来的种种悖论。"用一句话来说，令我们选择翻译这篇意涵丰富的文本，并面向广大公众发行的主要理由之一恰在于此。

眼见这位该领域的思想家在其作品获得高度认可之时，对自己的理论，也就是其社会表征论提出批评，而该理论如今已在欧洲，乃至国际社会心理学界均占据了重要地位，这样的做法确实堪称不凡。由作者半个世纪前在其经典著作《精神分析法：意象与公众》（*La psychanalyse, son image et son public*, 1961）一书中提出的这一理论，将从未言及的原材料赋予了这门学科，那就是：共识。这一社会认知论是由“诸如语言和信仰之类促使人类共同生活、共同行动的大众知识这一整体构成的”。

如果这个原材料易受口头传承性、言语、行为、互动性的影响，那这样的材料也就会鲜活生动起来，且拥有适合其自身的形式多样的风格和逻辑，并植根于传播此材料的各群体的实践及文化当中。此种经由历史验证、契合文化背景的认知似乎可使我们的社会改头换面地出离于自身。从中而来的文化认知常常被认为一门心思地投身于瞬息万变的现时当中，是复数的近似值，是行为的非理性。然而，当我们逐条分析这些批评时，就会浮现出一条介于现实的不同价值观与由此而来的真实之间的对立冲突的谱系：如，我们在社会科学内部发现的个人与集体，认知与信仰，及最终，单数的合理性与复数的非理性之间的对抗。

对非理性的这一指责几乎就像长期的判决书一样，伴随着有关社会的思想，引发了心理学不同的潮流，首先使之完全聚焦于个体的行为（行为主义），随后聚焦于内在的精神状态

（认知主义），如今则愈来愈聚焦于思维过程（神经系统科学）。这些以前占主导地位的潮流要么将之视为副现象，要么强烈地谴责之、打压之，将它们的社会与文化基础中最原创的那部分弃之如敝屣：可互动的各种语境毕竟赋予了它们以生命，使它们掌握了方向。就这样，过了一个多世纪，人类社会的各门科学中有一部分，特别是集体心理学向自身提出了一个问题，即社会精神产物存在的理由究竟是什么（普通的大众知识，信仰的现象，无论是宗教的、神话的，抑或法术的，都是集体思想与行为的观念形式）。为什么各个社会在它们的真理观之外还要去创造这些形式呢？为什么这些形式会得到接纳、沟通、传播，而且又是怎么做到这一点的呢？它们又是如何抵挡科学真理观占主导地位的时代及其教规的呢？

文化与**理性**之间所具有的关系，使作者可以因其认识论上与涂尔干式的集体心理学潮流具有密切的亲缘性这根导线，重新将这门最为丰富的社会科学恢复起来。20世纪初的这一崭新的地缘学科就具有这样的独特性和丰富性，它想在历史学、社会学、人类学和心理学之间表演一场智识上的特技。从而使之名副其实地成为虎视眈眈的封闭思想的反命题；或者，换句话说，这门科学有一个特点，也就是通过将各种不同的理论潮流整合起来，或通过其人文上与政治上的企图，以期达到开放性的目的。

这一认识论上的开放性遂使赛尔日·莫斯科维奇可以强调它们彼此之间的亲和力，认为这样的亲和力不仅必需，而且至关重要，可由此回溯至各个原初观念取之不竭的源头，同样，也可经由社会学的定义，对现时理论化产物的跨学科场域做出评定。就此而言，我饶有兴味地观察到，通过文化研究，他赋予了社会心理学以极端的重要性，将之视为当代世界的人类学。埃米尔·涂尔干的著作证明了表征功能（fonction de représentation）是由文化来达成的，而吕西安·列维—布留尔的关键性贡献则是摒弃了不同社会之间等级比较的观点，在重温了他们的著作之后，莫斯科维奇第一次阐明了这样一个论点，即理性的多样性在同一种文化及同一个文化体的内部是同生共存的。此种多样性乃是建基于沟通的语境之上，虽程度不同，但这些语境所要求的都是信赖。

因此，《理性与文化》正是这样一个面对各行各业广大公众的极具想象力的独特文本。首先，参加典礼的与会人士要直面作者所表达的内容；其次，该学科的专业人员，要好好听听他上的这一堂有关开放性的大课，领略其开阔的研究视野；最后，尤其是人文社科类的人士，要仔细了解一下这门理论，当然还有其著作中的浑然天成之处。他认为,这一文化概念,犹如一个反思的空间,人们可以在里面思考并扩大科学研究的领域,为寻常世界的认知与体验平反昭雪,极大地丰富对沟通的观察,因为沟通为我们编织出了社会中的种种联系,最终在所谓不可兼容的诸种认知形式之间设立了诸多遍布张力的区域。世界的场域。关乎**我们的**世界。

尼可斯·卡朗帕里基斯

原编者按

所有小标题均为作者所加，黑体亦然。

相反，文中的注释和括号里的标注均为编者所加。为读者考虑，文中提及的某些作者的全名会在第一次出现时加上原文。

为便于阅读，文中多处标点和排版均作了轻微改动。

后文几乎全部是赛尔日·莫斯科维奇于1993年9月22日获颁塞维利亚大学荣誉教授典礼上宣读的演讲辞。由于该文的开篇似乎并未直切主题，所以我们就没有将出于礼节考虑、特别针对西班牙听众的开场白印出。

在此鸣谢塞维利亚大学（尤其是我的同事埃斯黛·勒贝尔和西尔维利奥·巴里加）向我提供这篇出版于1993年的题为《理性与文化》（*Razón y Culturas*）的文本的翻印权，感谢巴尔赞基金会（Fondation Balzan）协助玛丽·阿历克斯·德·圣罗芒将此文译成法语。

尼·卡

理性与文化

社会心理学，当代世界的人类学

适当的做法是先研究过去，再研究现在，这么做有好几个理由，因为这样我就能回溯到古代大量有关理性和文化的问题上，或者像你们喜欢说的，可以回溯到某些认识和文化的问题上。让我们先从过去开始。三十年前，我壮着胆子打破了心理学家的禁忌，库尔特·勒温曾说他们“对人类学历来研究的文化现象嗤之以鼻”，这也就解释了社会心理学为什么将成为**当代世界人类学**，亦即文化心理学作为自身使命的原因。说得更确切些，我曾在这个意义上指出，通过聚焦于社会表征论和沟通论，社会心理学就成了**我们的**文化人类学，同样，从某些方面来看，人类学也是**其他**文化的社会心理学。

当时我就是这么想的，现在我仍然觉得，一方面，这样的一种姿态是对共识、对像语言和信仰这些激发人类共同生活和共同行动的大众知识这一整体感兴趣的逻辑结果。另一方面，它源自于这样一个事实，即国家和社会被战争弄得羸弱不堪，再也无法继续担当起承载价值观和至高观念的职责。因此他们留下了一个真空，于是文化成了自然与社会之间的桥梁，遂在我们的时代占据了这个真空。诚然，正如德国哲学家格奥尔格·西美尔所言，每个时代确实需要有价值观和至高观念，用于指导其灵性的存在。我来引用他的说法，他说："这个观念应该有充分的柔韧性和不确定性，如此方能为各家利益所用，能够满足做出各种解释的需要，而且它应该包含神秘和直观的充足剂量，这样才能使各种各样的思潮和感受性在某个时代狭路相逢，彼此制约。"

无论愿意与否，如今，文化都已担负起了以前与自然观、国家观或社会观相符的职责了。如此一来，就是要将之视为一件对政治、科学、自然，还有我们的共同生活造成重大影响的大事。当然，认为这种观点在当今这个时代寻找到了崭新的证明方法，也绝非夸大其词。对此，你们不应忽视。事实是，激起了太多期望的认知论革命无疑已经开始吞噬其自身的种种幻想。甚至有人说它已经失败了，因为按照杰罗姆·布鲁纳(Jerome Bruner)的说法,它根本就无力说清楚什么是意义,而就理查德·施韦德(Richard Schweder)而言,其对人格论的说法也是语焉不详。但这难道就是它的使命所在?无论如何,这样的论点已由注定要取代认知心理学的新兴学科"文化心理学"提了出来。还有一种基于心灵的完满性和道德心建立起来的研究方法倒是能做出比较大的贡献。可是,认知领域的失败并不应该,也不足以评断在通往文化的途中,究竟哪种途径可成为灵丹妙药。同样,在机体用药无果之后,如果病人转而求助于顺势疗法的话,那他也将无法获得治愈的保证。因此,我们在博采众长之时,就必须找到内在的症结。因为即便有人认为认知论的革命已大获全胜,但博采众长仍可使人将思想、意义、人格视为文化结出的果实,从而对之有所了解。需要注意的是,如果每隔五到十年,社会心理学在改变目标,或像堂吉诃德一样,口口声声说要去同那目标战斗的时候,并未去考虑我们需博采众长这一现实,那它就不会像Giralda[①](或者说得更确切些,就不会像钟楼上的风向标)了。

博采众长之余,终于使我们明白**文化心理学**并非什么与

① Giralda(西班牙语"风向标"之意)是塞维利亚最具标志性的建筑。这座阿里莫哈德王朝风格的清真寺尖塔由摩尔人建于12世纪,基督徒重占该城时将其改建为钟楼。16世纪,科尔多瓦的建筑师埃尔南·路易斯(Hernán Ruiz)把它改成了如今的样子。一尊象征着信仰的巨大的雕像整体都作为风向标之用,雕像有个外号,叫Giraldillo("小风向标"之意)。

众不同的心理学，因为它之所以言之有理是源于这样一个事实，即它本质上也是**社会心理学**。从这个方面来看，我更喜欢去探索由理性与诸种文化之间的关系提出的那些真正的问题，因为它们可以确定我们现在的转折点究竟会出现在什么地方。与此同时，我也希望能腾出一块场地，在上面建一栋更坚固耐久的大厦。所以，我会在会议期间，展开三个论题：第一个论题涉及社会表征理论，它从深层次上将心理学与人类学关联了起来；第二个论题涉及的是文化概念究竟获得了何种意义；第三个论题会勾勒出一幅草图，说明社会心理学作为我们文化中的人类学，究竟有什么会成为它的研究项目。

正因为受到了你们的邀请，所以现在有了这样的定位，我更是倍受鼓舞，对我而言，正是在这个场合，我才对自己的理论产生了新的看法。今天，我斗胆希望列席本次会议的听众能怀着更为开放的心态来迎接它们，而不是像我经常面对的某些人一样。的确，约翰·梅纳德·凯恩斯有句话说得很在理，他说“困难并不在于提出新看法，而在于拆解老看法”。我要补充一句的是，看法之所以老，并不是因为它们持久，而是因为它们在不断重复自身的时候并没有重新焕发活力。

理性与文化：就这个论题而言，我们能提出新的观点吗？

下定义时碰到的某些问题会将科学家们划分成两个截然对立的阵营。近来，这个问题指的就是如何对“社会现象”下定义。对许多社会心理学家而言，社会习俗只不过是个体**精神现象**（psyché）的简单组成部分。对其他人而言，社会习俗乃是一种自主的存在，是经由共同表征、语言和社会实践来赋予这个**精神现象**以形式的。因此，后者自一开始起就将表征理论推向前台，便不足为奇了。随着它们获得越来越多的地盘，其优势也开始为人所知。尽管如此，社会表征理论的力量却并非来自这些学科所处的地位，而是源自与文化相关的那些困境，因为只有该理论才能解决这个状况。它的价值并不在于它能起到当今风尚、时代精神（Zeitgeist）这样的功能，而是在于它能使我们以全新的方式来涉及这些困境。我还是这个看法，即只有澄清了这一点，才能切入该主题的要害，才能突出其与众不同的特点，避免与其他说法混淆不清。

那么，就让我们开始吧。当有人放弃简单化的做法，不再去为并非总能定义得很清楚的那些问题寻求解决方法（如社会认知所做的那样）时，他就能将注意力集中到本质上。在这个领域内，本质彰显而出，而理性与文化之间不合常规的关系自然而然也就显现了出来。也就是说，某些信仰具有非自然的本性，可我们还是心怀这些信仰，就如同我们呼吸，我们说话那样。这些信仰，我们用不着什么明证就会承认它们，而其他信仰则必须做出特别的努力才能为人所理解，但不管它们有多真，却都无法说服我们。归根结底，拥有理性的人类在经历了各个漫长的时期之后，怎么还能承认他们的存在取决于非理性的事物，竟然还会被经验和理性所揭穿的那些观念玩弄于股掌之间呢？再怎么说，这还是让人很惊讶的，而每个理论也总会按自己的方式来解释这种不合常规之处。可见，不管是心理学还是人类学，所有的科学都是“人类具有相信荒谬的天性”这个论题的不同变体，正如卡尔·雅斯贝尔斯所宣称的。而我有幸向你们阐释的这个理论则也许会同精神分析学携手，尽可能地深入至这个主题当中。

我们的文化将各种观点、意象、实践分成了**认知**和**信仰**这两个词所清楚表达的两个范畴，而该理论就来自于这种彻底的分离，你们对此肯定持怀疑态度。这两个范畴不仅被认为泾渭分明，而且还互相排斥、彼此为敌，它们代表的可是了解人类境遇的两种截然不同的方式。人们经常把它们描述成有如信息和意义、理性认知与共识、客观性和意向性、科学思想和神秘思想、评判与老生常谈、逻辑与修辞等之间所具有的那种对立关系。我不准备在这些众所周知的反题上说太多，它们身上的那些枝枝蔓蔓必定会促进更进一步的研究。尽管如此，我倒并不觉得在某个更具象的层面上，在占据着我们的这个主题上稍事停留是多此一举，毕竟，该主题所表现出来的那种差异虽细微却也很切题。我想讲一下两类观念或两类精神内涵之间的差异，一类是**可抵挡的**，另一类则是**难以抵挡的**。

那是谁允许我们说某些观念有的是可抵挡的，有的又是难以抵挡的呢？毫无疑问，我们有种印象，彻头彻尾的主观印象，即前者依赖于我们，后者则不依赖于我们：相反，我们为了活着，为了能行动起来，反而得依赖于它们。确实，经验向我们表明可抵挡的观念能让我们适应既定的环境、特定的时刻，而不管发生什么样的事。此外，它们的态度是，我们得去适应某个说法，比如“我们不相信唐璜在塞维利亚生活过”，还得根据行动的意图做出调整，等等。另一方面，大量观念都和共识、政治、宗教，甚至科学有关，它们本质上就是不可抵挡的。它们就像苏格拉底所谓的精灵，从这个意义上而言，我们并非自由身，没法从中脱身而出。我们只能是徒劳地抵抗它们，它们就固着在我们的理解力中，即便我们因缺乏证据而没法承认它们。路德维希·维特根斯坦说得很清楚：“这儿并不涉及到归纳法，而是涉及到恐惧，从某种意义上说，它们就是信仰实体的构成部分。”无论如何，这种类型的观念必然会无法避免地被引入到我们的反思当中，以致会阻止我们去另作他想。就此主题，我所能说的就是查尔斯·桑德斯·皮尔斯（Charles Sanders Pierce）的一句话，他说，“我根本无法念及其他”。我们的整个智性生活和集体生活就是在这两类思想之间持续紧张地铺陈而开。它就在我们掌控的观念和掌控我们的观念之间，而关于后者，我这次引用的是何塞·奥尔特加·加塞特（José Ortega y Gasset）的话，“我们的观念占有了我们”。

无论这样的差异是如何简单易懂，但仍需就理性的意义做一点澄清，澄清的目的就是为了增加可抵挡的观念，减少难以抵挡的观念。理性是通过拆解人类保存着、分享着的信仰，以期从中抽取出名副其实的知识这一方法来彰显自身的。它是通过将据认为是碰不得或争辩不得的观念、认识转变成那种你可以去驳倒它，可以去随心所欲地篡改它的猜测臆断，来确立自身的。在理性新时代的前夜，勒内·笛卡尔是第一个观察到人不应该将一件自己只能通过**例子**或**习俗**才能了解的事物视为真的人，也就是说一件事物得借助它者，而非自身才能为人所知。因而，他将个体的行为方式和共同的语言抛诸脑后，用他自己的话来说，就是它们“常常会导致错谬”。自此以后，怀疑便不断地侵入所有的知识门类和所有的经验当中，而这些知识和经验都是社会积聚起来的，将之整合至它自己的生活模式中，并赋予其权威性。全体人类视为真的所有信仰都被清除殆尽，皆被视为可在文化中察觉到的那种谬误。文化，无论是宗教的还是世俗的，同样都被看作是大家都会犯的错误。在生活的所有领域里，合理化就是指清除：从道德身上剥除宗教的根源，从经济当中压制那些传统的、象征性的因素，从教育或政治中清除价值观。总而言之，按照马克斯·韦伯的说法，就是“给世界祛魅”。无需详细考证休谟和康德在其上涂了最后几笔的那个演进过程，你们就会同意我的说法，即理性已在我们的语言和我们的制度中深入骨髓，改变了我们的心理学。因为，我们稍稍反思一下的话，就会发现计算机乃是我们认知科学中的核心机制用于建立类比法的工具，它无非是笛卡尔式的灵性实体的其中一个化身而已。在同类范畴的观念中，有一点似乎很清楚，就是借助灵魂和身体二元论这一众所周知的概念，我们就能更为深入地使认知与信仰的二元论客观化。而如果前者应该拥有个体性的要素，才能达到理性的完满化的说法所言非虚的话，那后者就只有拥有集体化的要素，才能滋养文化的种种幻想。在这漫漫的长路中，后者在现代世界里就显得像是精神错乱的晦暗长夜了。

个体理性与集体表征

没必要再去强调被逐出世界的理性与成为幻想温床的文化之间保持了怎样的亲和力。毫无疑问，正是由于埃米尔·涂尔干，我们才能谈及欧洲社会思想史的创新是如何的彻底。可恰是由于使自己成了哲学家和人类学家的继承人，他才发现这些人中间竟然也有着同样的非理性悖论。当然啦，我们能够断定的是很久以来确立起来的各个民族都是臣服于权威、原型和习俗的；他们的存在都是建立于荒谬的宗教信仰或法术之上的。可是，我们也把他们视为给自己设套的匠人。那人类出于何种企图才会如此的自欺欺人，毫不抵抗地信仰了那些根本就不存在的，或与他们的经验相抵牾的事物呢？正如帕斯卡在论及心灵时所说的，各民族的信仰各有各的理由，只是个体的理性对它们并不了解罢了。涂尔干在谈及心灵——他对心灵并未予以足够的重视——时，认为只有借助于信仰及其仪式，文化才能彻底地达成**表征功能**。如果他认为因内在的功效而组织起来的各个社会并非宇宙的附庸，也非个体间协商而成的组合体，那该功能的意义就能清晰地显现出来。它们有一个成长发展的过程，人类就是通过打通关节，使之有利于自己的行为，才建立起关联的。这样的宗教关联或政治关联使得他们的行为或信仰无法归结于个体，而是归因于整个社会。如此一来，宣称在社会空间领域内存在普遍规则或惯例这种说法就不会被认为是动用权力所致。社会成员从中看到了对规则或惯例所作的说明，而这样的说明也都具有约束力。同样，宗教信仰无论是至高无上的威权还是神话里的英雄，或是神灵，都拥有表征集体的功能。而信仰也才由此拥有了不可抵挡的威权和效用。信仰会显得虚幻，容易引致幻觉，或变得非理性，但尽管如此，它们仍保有其立足点。它们引证的是既非物理学亦非生物学的现实，而是社会的现实。从这个观点来看，它们所占有的逻辑和真理便不会经由思想或观念来表达自身，因为思想或观念需得借助于概念，尤其是得借助于那些常规的做法，即让个体对广受颂扬的表征进行确认和证实。神话、信仰和集体的社会实践已不再是驳杂的大杂烩，而是成了一个合理的整体，有时候几乎合理得过了头。

正是有了这样的理性，人类才没有自己设套自己钻；也没有自己去设陷阱。在发现了表征的功能之后，他们便趁机利用了这种可能性，因为这样就能让他们设想出存在却未被察觉，或虽被察觉却根本不存在的那些对象。因此，他们就能对不可见的原因或原则进行想象。动物想要生殖时，都有一套模式，通过用来模仿它们的那些拟态仪式、动作或喊声，他们就踏上了一个有待定型的进程。故而，就每个社会而言，不管有多原始，它总会划分其成员，对之分门别类，它还会按照同样的标准，对有生命的存在和无生命的存在进行分类。这便表明了集体表征在将限定的现实或限定的社会功能赋予物理客体或物理行为时，会使之拥有不同的意义。由此看来，杀动物并不会被视为野蛮行为，而是献祭。动物转换成群体的图腾，这和将一块彩色布料做成国旗是一个道理。更有甚者，信仰还会获得难以抵挡的力量，群体的所有成员都会将之视为重要的现实，并从中提取自身的现实和自身的价值观。就此而言，我们可以套用维特根斯坦在论及自己的世界观时所说的那句话："我对世界的看法并非源自于我对世界的公正有多坚信。它其实就是块继承下来的幕布，我就是在这里面区分真和假的。"

事实上，由于将各种各样的知觉和情绪糅合在了一起，个体便无法理解那些整体的概念和因果关系，或者说无法确立规则。再说了，他们为什么要这么做呢？在批评康德和休谟的时候，涂尔干断言我们独处的时候，根本无法理解自己怎么能，而且为什么要通过观念的联想或转瞬即逝的感觉从中发现秩序，虽然这些都是我们身上的特点。假定这么做是有可能的，但我们仍然不明白这个秩序如何能保持稳定，而且还要强加到我们每一个人的身上。个人的理性饱受诟病，被认为都是些经验之谈，具有偶然性和随意性的特点。唯有发端于集体性的集体表征才能成为起支撑作用的框架结构，或对秩序尊重有加。只要我们能用语言和仪式这些纯粹的社会形式来分享那些信仰，我们就能赋予这些信仰以非个人化的特点，使概念处于静止状态。列维·斯特劳斯写道："笛卡尔由于想要创建物理学，所以就把社会中的人排除了出去。"如果他读到了上面所说的那些话，他也会断言如果情况真是这样，那我们就会达到相反的结果，对所有的事物都视而不见。归根结底，个体的理性已成了根本不可能之事。正如我们刚刚所见的，若无保护整个社会的集体表征的语言和仪式，理性是难以想象的。只有具备这些特点的集体表征才能促使个体去思考，才能给予他们判断和知觉的范畴，帮助他们在选择或行动的时候与那些范畴的逻辑保持一致。可见，并不是因为我们天生就拥有那种理性，才能形成建基于协商或合约机制之上的社会，而是因为我们形成了那样的社会，才使我们拥有了理性。对涂尔干，还有对亚里士多德而言，个体的人非兽即神。这位社会学家写道："人，若不通过概念来思考，就无法成为人，因为他根本就不是社会的存在。他只会简化出几条简单的个人戒律，所以和动物也无甚区别。”

这话虽说得斩钉截铁，但从其所包含的意思来看，发生很大的变化也是在所难免。千年以来的文化职能，无论是原始的还是宗教的文化，都不会仅向人类提供自欺欺人的幻象，还会提供因果关系、时间等方面的表征，这样就能使人类存活在逻辑进程的框架之内。涂尔干的说法是，正是由于有了这样的理性，“社会才不会出现那种通常会有的不合逻辑的、反逻辑的、前后不一致的、异想天开的特点”。如果信仰和实践对个体而言是非理性的，那这并不是说它们是个人的理性所致，而是因为它们都是集体和社会的产物。而且，为这些信仰和这些实践所固有、所依赖的概念也已发生变化，现在轮到科学把它取为己用了。因此，我们可以说从最原始的宗教到最先进的科学之间具有持续性，因为两者都是社会的产物。

就生活的所有领域来看，人都只是在集体性的框架内来获取知识和理性。而这样就赋予了集体表征这一概念以独特的力量。至少从我的认知来看，任何一种概念都无法获得如此高规格的权力。只有结果才具有决定性。在任何时代和任何地方，共同生活这一事实使人具有了理性。不管理性呈现出何种样貌，显得有多怪异，它总是独一无二的，永远存在的，普遍适用的，这么说吧，这都是因为在各种文化（les cultures）的背景深处，有着文化（la culture）之故。如果各个文化真的会发生变动，生发出各种不同的、为每个群体所特有的集体表征，那各种认知活动、精神范畴或实践准则就肯定不会完全一致。就我们现在涉及的这个主题而言，我们只能说，从涂尔干的视角来看，存在着某种**理性的统一体**和某种**文化的多样性**。

让我不快的是，你们中间有些人在对这位作者的思想所作的这些引证当中，竟然觉得这只不过是一堂历史课而已，甚或在其中找到了支持某种特殊观点的论述。相反，在我们这个集体现象置身于主体间论证和基础心理物理学之间摇摆不定的时代，我倒觉得对意义之不可抗拒性多做些强调还是必不可少的。况且，研究社会表征还能在社会心理学领域和个体心理学领域之间做出泾渭分明的划分。我喜欢将这种区分对我们以及对现时的社会而言意味着什么清晰地表述出来。

如果我们紧跟当下流行的态度，那逻辑就会说：我们应该先去研究单个个体的表征，再去研究隶属群体的个体的表征。然而，考虑到脱离于其群体的个体只是抽象的说法，所以再怎么样，那也只不过是个遁词而已。当然，存在着两种截然不同的现实。可是，正像某些人所声称的，它们并不是：a）个体的表征，b）群体的表征，毋宁说，它们是：a）群体的表征，b）

置身于群体或代表群体的个体的表征。你们能领会其间的差别吗？这儿并不是要再去质疑个体心理学究竟有何意义，而是要按照自主性的功能和程度将这种意义确立起来，文化将这种自主性赋予了个体，却并未使个体偏离其惯常的生活模式，亦即集体的生活模式。从审视该问题的某个角度来看，社会心理学和个体心理学并不是针对相同的现实层级。把前者放在更为深远的层级上，就能在对待整体的文化现象和象征形式的时候，重新认识到它所扮演的重要角色。而如果说这么做是可能的话，那也是因为我们赋予了它们这样一种功能，即有效地思考和理解我们身上所具有的特异性。我们会觉得涂尔干将理性整合到集体生活中的方式，他用来证明因共同习惯反复灌输而致的集体表征如何将我们改造成社会的存在，从而使我们得以思考的论点颇成问题，甚至已经过时。可是，不得不承认的是，这些论点解决了非理性的悖论之处，而且从文化的视点来看，这种看法还使理性拥有了新的意义。就我所知，关于这个问题，其他任何一种通路均未达到这样的结论。这也解释了英国人类学家厄内斯特·盖尔纳所说的话，他在触及这个主题的时候，就用如下的方式对占据着我们头脑的那个问题作了评论："我们并未掌握其他任何一种可回答这个问题的理论。其他任何一种理论都没有像这个理论那样清晰。”这也就是为什么涂尔干的观点通行不衰，而我们为什么必须了解它的原因所在。

每种文化均有各自的合理性

我三十岁的时候，正好处于我们生命之途的中点，我明白了当时有一条默示的规则，即不允许社会心理学家去谈论作品成书超过十年的那些作者。但要应用这条规则还是太晚了。同许多社会学家和人类学家一样，我也在继续和以前的作者对话，就好像他们是我的同时代人似的。所以，如果我触犯了这条规则，你们得原谅我，因为我认为不管是谁，只要对文化心理学感兴趣，就应该持相同的态度。你们若是允许，那就让我们来关注一下巴托洛梅·德·拉斯卡萨斯吧，这样我们就能理解为什么这么多的研究者，也包括我，都和涂尔干式的社会表征理论保持着距离。当然，拉斯卡萨斯会说美洲的印第安人拥有理性和灵魂，和基督徒无甚区别。可是，如果真这么说的话，就会遮蔽他们文化上的个性。尤其是，如人类学家罗贝尔·若兰（Robert Jaulin）所说的，为了使强制印第安人改宗显得有理，就得赋予他们基督徒的灵魂，这样就等于在对他们施行种族灭绝。因为拉斯卡萨斯坚称印第安人和西班牙人一样：也拥有印第安人自身的理性和灵魂。于是，他就千方百计地维护两个种族之间具有极大的相似性这一说法。尽管如此，我们还是可以自问，这位多明我会修士是否一直坚称，从历史的角度来看，他们的宗教和他们的世界观都具有可比性呢？这层诘问毫无疑问可帮助我们更好地理解这个问题，因为该问题本来就应该是从涂尔干的那个概念派生出来的。我们已经发现：它预先假定所有拥有理性的人类有着本质上的同一性，也就是说他们都能做出判断，都能分类，都能为现象寻找原因，都能服从规则，当然也都能掌握语言。这样一种概念同样也意味着存在着一种进化过程，即从宗教最基本的表征开始，一直通到最最复杂的科学表征。很显然，它假定的是个人的合理性也存在演进过程，与社会的演进过程相似。但奇怪的是，在解决这个悖论的时候，涂尔干却毫无歧义地让第二个悖论凸显了出来，我给它取名"相似性悖论"。

如果我们固着于他的那些解释，那我们就会认为人类都是部分理性，因为他们都是社会的人。但如果我们相信那些约定俗成的例子的话，那某些人——与文明人相比的原始人，与科学家相比的外行——的理性就会比其他人少，就像奥威尔那些有名的动物那样，有的动物和其他动物并不平等。可见，出乎意料却又合情合理的情况是由这样一个事实引发的，即一方面，集体表征和文化相符，并随着文化的地位和文化史而变，而另一方面，却存在着合理性的标准，这种合理性为文化所共有，因此，从某种意义上说，又独立于这些表征，甚至独立于具体的情境。如果说我是在强调这个悖论，那也是因为我们时代的社会认知心理学对它毫不陌生之故。确实，尽管趋向文化的认知论之所以令人失望，是因为没考虑这一点，就像趋向认知的行为主义那种情况一样，但它仍以要将我们的工作抵押给未来相威胁。对我而言，这种无知恰是社会认知心理学病灶的根源。我们可以在斯蒂芬·斯蒂奇令人赞赏的著作《理性的断片》[①]中找到对该主题所作的阐释，他在这本著作中对该领域的研究作了总结。

尽管如此，吕西安·列维—布留尔为了摆脱这个悖论，鼓起勇气采纳了一个完全新颖的观点。首先，涉及到的是方法，他决定不再将从属于古老文化或原始文化的个体或多或少地视为与西方人或文明人相类。也就是说他不再对他们占有何种地位感兴趣，而是去自问："如果我是个原始人、中国人、见习修士等，我会怎么思考呢？"相反，他建议我们要使精神范畴和我们的特定价值观抽象化，要强迫我们自己去寻找，在哪些方面，这些群体的思想和知觉与我们的不同。总而言之，就

---

① 斯蒂芬·斯蒂奇，《理性的断片：认知评价理论的实用论序言》(*The Fragmentation of Reason: Preface to a Pragmatic Theory of Cognitive Evaluation*, Cambridge, MIT Press, 1990)，无法语译本。

是要去寻找他们表征的独特之处究竟在什么地方。其次，果不其然，他预先假定了每个大的文化区域都能被定义为集体表征的成果，这种集体表征为该群体内个体情感与实践上的精神生活指定了方向。尽管如此，吕西安·列维—布留尔却与埃米尔·涂尔干或詹姆斯·乔治·弗雷泽相反，他并不认为信仰的内容、句子或规则的意义可独立于表征的其他内容与意义。信仰或具体观念的可理解性只能存在于它同其他信仰和其他观念的关联上。比如说，如果原始人认为没有自然死亡一说，且死亡总是由其他因素引起的，并以之做出判断，那我们就得自问他们是否会通过死亡来理解其自身行为的逻辑等。因为将这些信仰从它隶属其中的整体的表征中孤立出来这一事实，常常会促使我们想起那些以不太理性的方式操持信仰的人，他们的信仰都很古怪和荒唐。因此，若以为不去了解这些文化，就像这种情况下所经常见到的那样，我们就能以断片化的方式来理解他们的表征，而不管他们的和我们的有多么不同，这种想法纯属徒劳。

你们会注意到，做出这样的选择后，列维—布留尔就使合理性的绝对准则成了不可能的事。因此之故，他将对其他民族的精神生活所作的先入为主的解释都排除了出去，尤其是针对原始民族，因为这种阐释只考虑了我们的那种基本形式。事实上,在其特定的环境中,这种精神生活会显得很复杂、很先进。列维—布留尔的这个重要贡献对我们触动很大,从这个方面来看,他这么做就阻止了我们将自身的科学表征视为准则,不再将自身的逻辑当作唯一的可能性。如此一来,就使我们根本没法对其他我们视之为低等,甚或有缺陷的表征或逻辑做出评断。实际上,他们自身的范畴以及规则都违反了我们认为无可辩驳且不容侵犯的那些范畴和规则。这是一种极为深刻的视野,它对那个悖论的解决,是出于这样一个原则,即从理性的观点来看,所有的文化都具有同样的合理性,但每种文化又具备其自身的合理性,与其他的文化相比,既不好也不坏。于是,他就能提出下面的假设:如果我们所谓的原始智性与我们的截然不同,那也并非因为他们缺乏智慧或智慧使用不当,而是因为他们和我们有着同样的能力,只是以不同的方式来处置智慧而已。这样,就可以用一个公式来概括之:**有一种文化,就有一种合理性**;或用更切实的措辞:这样的一种合理性,其准则就像是一种规范,已镌刻于语言、体制、既定文化的表征中。

所有这一切都能以更翔实的方式来得到证明,但此处不准备详述。不过,只举一个例子:这儿涉及到的是列维—布留尔在现代精神状态和传统或原始精神状态之间作对立究竟有何意义。自然,对他而言,前者遵循的是**同一性**这样一个众所周知的原则。但后者却是建立在**分享**原则之上的,按照该原则,在某些情况下,那些人会认为一个人或一样物体不仅仅是其自身,而且还蕴含了更多的意涵。而这是因为在个人表征或物体表征的诸种要素之间事先存在着种种情感上的、神秘主义的关联。这些要素之所以联合起来,是因为它们将个体,并非于即刻的体验中,而是运用符号,通过替换,在亲身经历的想象的体验中察觉到的那个要素叠合到了现实当中。你们可以想象一下堂吉诃德将风车和巨人搞混,大战风车的情景。

关于精神状态之间的这种差异,以及对它的描述和阐释,以前和现在都着墨甚多,从而证明了这是一个不容忽视的、意义深远的主题。事实上,我倒觉得,有差异,就说明信仰和认知处于对立关系,后者只要与不矛盾律相符,就会拥有合理的有效性。然而,列维—布留尔却耗费大力气,寻得大量例证,去证明这些偏远民族的表征与不矛盾律的背离究竟达到了什么样的程度,当然,这么做的,也并非只有他一人。然而,从帕斯卡到维特根斯坦,当中经过休谟,我们知道所有的信仰,无论原始与否,都共同拥有某种适应种种矛盾的能力。照伯特兰·罗素的说法,他们之所以如此,只能说是一个谜,是最大的一个未及澄清的思想之谜。可是，你们会问我，为什么要这样比对呢？很简单，因为我确信这既不是指意义、意向性或阐释，从而因心理学与文化的关系，将这个谜推向心理学，也不是指**信仰**。照我的看法，列维—布留尔认为建基于**信仰**的集体表征与建基于**认知**的集体表征彼此对立的观点，有着很大的价值。从中，我们可以发现社会心理学的胚芽，由此，信仰就能被证实，也能被加以应用，而这也就构成了它的主要魅力。

他向自己提出了一个问题，就是要去了解为什么一种文化的表征，其分界线也是合理性原则的界限。从总体来看，表征难道不是更重要，更具关键性，比我们通常所认为的更消极吗？这至少促使列维—布留尔将这些表征做成了真正完满和自主的**概念**，而其价值既不在于解释，也不在于启发。若要相信这一点，只需读一读他对从非洲或大洋洲各民族搜集来的语言、推理、阐释所作的条分缕析的分析就够了。他让我们深入陌生而又丰富的宇宙，但又让我们觉得似曾相识。显然，对他来说，重要的既非社会的表征功能，亦非用什么途径来让人了解自己生活其间的世界有多么丰富。他注意到表征功能不仅仅是将对世界的表达与科学理论协调起来，还是其中的一种建构性力量。其新颖性，爱德蒙·胡塞尔于 1915 年就注意到了，它让人惊讶的地方在于，社会表征的活跃性和生成性并非是指——引文如下——“对世界的表征，而是指**这个表征**本身**就是**现实的世界”（着重处原文就有）。即便表征的各个要素稍纵即逝、虚幻飘渺，但它们仍具有形式、意义和行动的力量，并朝着社会的现实趋向而去。

社会表征概念的创新性成了与文化相关的心理学和人类学之间的决定性征候和趋向性因素。当然，我们也不应忽视列维—布留尔方法上所产生的影响，以及他对让·皮亚杰（Jean Piaget）的作品的分析，后者在个体发展与文化发展之间确立了平行论。公众不太熟悉的是，列夫·维果茨基（Lev Vygotski）和亚历山大·鲁利亚（Alexandre Luria）受布尔什维克革命的鼓舞，在马克思主义中为自己的心理学研究找到了理论工具。他们想为社会问题留一个空间，于是就转向集体表征概念，尤其是转到了列维—布留尔那儿，后者说要在各种文化不同的表征当中，在它们主要的思想内容和主要的精神活动之间进行对比。于是，这两位俄国研究者便首当其冲，想对传统社会中成年人群的认知及感知活动从事大规模的研究。而且，他们还利用了苏联这片广袤国土上可见的急剧变化着的文化景观。为此，他们决定对各种进程中突然出现的重大变化，以及对从非科学文化通往科学文化途中的思想内容细加详察。今天,我们可以断言的是:这乃是社会表征论的首次实验观察,迄今为止,对社会心理学而言,仍堪称范例。不幸的是,维果茨基和鲁利亚因使用表征概念及其所致的观点而遭到了谴责。但对我们来说,他们对我们的科学所作的贡献永远都是丰产的保证。

后科学时代的共识,沟通与理性选择

亚瑟·爱丁顿对我们说过,马路上有个人看见一张用高密度材料做成的桌子。但物理学却发现这张桌子根本就是虚空:和构成桌子的原子的内核半径相比,分子间存在极大的距离。面对这种言之凿凿的说法,我们的反应就是拒不承认它的意义。举个例子来说吧,只要瞅一眼那些发行量很大的杂志,就能明白其中最常见的都是讲个体心理学或集体心理学的,都是些流行的话题或关于我们周围的环境的,我们发现在很多的例子中,科学概念和普通概念混淆在一起,同时彼此间又在互相抵牾。可是,这个事实根本就没使我们觉得它有多超验,我们认为尽管我们的文化确实不具有纯然的科学性,但我们仍然会发现科学家照旧占据着主导地位。从这样的断言来看,我们确实是低估了 20 世纪的工业社会中传统的信仰和实践,普通类型物体的共识观念或个体之间关系所起的巨大作用。对我们的社会文化及其后科学时代的共识所作的反思使我得出了这样一个结论，即只有从个体共通的表征心理学出发，而非按照对它们彼此孤立的认识，才能去理解它们。我的雄心就在于创设一个包含于文化中的有关各种现象的理论，我这一辈子都在从事这工作。因为我坚信只有通过这条途径，社会心理学方能有一个自己的严谨的研究场域，还要有足够的实践和明确的目标，谁都知道，对研究来说，这些都是必不可少的。我在捍卫这个理论的时候，有时别人对此毫不理会，有时又会遭到别人驳斥。即便现在，我承认，我还是有这样的印象。

但再怎么样，我还是投入到对该理论的阐释当中去了，我重新拾起了集体表征这个论题，涂尔干发现了我们的社会心理学中的这个功能，后来，列维—布留尔及其后继者莫里斯·哈布瓦赫与让·皮亚杰使之成了一个可操作的概念。

1. 于是，在这个范围内，集体表征被应用到了空间和时间上距我们都很遥远的其他文化中，将它同独一的群体、独一的社群相联系，而不论这样的群体或社群是复合型的还是具有同质性的。把这个理论推到极端后，就能对它是传统的还是现代的，是原始的还是文明的等等做出判断。有个约定俗成的公式："有一种表征，便有一种文化"，就是这种研究方法的特点。使用该理论，就能理解广义的信仰、精神形式和社会实践。它的最大优势就是能解决我在上面提到的两个悖论，虽然措辞简单，却毫无歧义。总而言之，当我用和托马斯·库恩的范式理论同样独特的路径来研究这些表征时，发现每个表征均有语义上的和认知上的结构，我观察到一个奇怪的效应：就好像有人用集体的唯我论替换了个体的唯我论，而这两者同样都具有局限性。表征被从沟通中割裂出来后，变成了集体唯一的视野，于是表征便脱颖而出了。变得抽象之后，表征就只不过是智力上的构造而已，很难在其中辨明哪些才是真实的内容。尤其是，这种集体的唯我论又使人面临了第三个悖论，即群体之间或文化之间的**无沟通性**（incommunicabilité）。每个群体都会讲述同样的事情，都认为只要和他们一样置身于同样的视野中，其他群体也能去理解它。然而，恰恰是因为这个，其他群体却没法做到这一点。因为从中出现的结果是，宗教、政治观念、神话等均无法得到内在的理解，可以说，只能在他们所属的社群内部才能做到真正的分享。这就像克尔凯郭尔所持的立场，他的断言是，非基督徒无法理解基督教。尽管他的这种说法是在夸大其辞，但这类断言却时常可以听到，即便在科学家当中也是如此，以致我们几乎没把这种说法当回事。这种观点可以概括为沟通与表征之间存在着的不兼容性，而不管是个体的不兼容性还是集体的不兼容性。社会思想中有一种陈词滥调，就是认为与特性不同、表征相对立的群体相比，这种不兼容性乃是我们现代社会的特色。无论是对门外汉，还是对外行人眼中的科学领域而言，这些表征都没法让人理解，对一个欧洲人来说，它们同所谓的原始人充满异域风情的信仰一样都很怪异。这个悖论表明在表征和沟通之间存在着紧密的联系，但其间的意义却被低估了。

2. 随后出现了道德心。难道这就是心理学家和人类学家在对现代文化和后现代文化作对比时所声称的吗？对此，只有一个回答：土著人是如何思考的[①]。实际上，让人更惊讶的是，我们观察到他们用其他的路径，同样孜孜以求想要——很有这可能——理解的，竟然是“我们的土著人是如何思考的”。也就是说，指的是绝大多数个体、平民阶层、农民群体或传统种族。在这么多人当中，我们想要稍微提及的有詹姆斯·G. 弗雷泽、弗里德里克·C. 巴特利特（Frederic C.Bartlett）、吕西安·列维—布留尔、西格蒙德·弗洛伊德、列夫·维果茨基或克劳德·列维—施特劳斯。说得再明白一点，他们所有人都

① *How Natives Think*（1926）是列维 — 布留尔的著作《低等社会中的心理功能》（*Les fonctions mentales dans les sociétés inférieures*；1910）的英译本书名。尝试用法语翻译的话，可译成“Comment pensent les natifs”。

想要去理解马路上的人那淹没在日常信仰宇宙中的心理功能。他们还想去理解这些心理功能与那些致力于像宗教、哲学，特别是科学之类特定学科的个体的心理功能，差别究竟在哪儿。这些学科乃是认知的典型，要的是精确和清晰，有自己的一套用语，无论从伦理上还是政治上来看，无论谁，若是没有受过特别的认知培训，都会觉得这些学科晦涩难明，甚而是难以卒读。确切地说，从中可以看出，我们的社会文化和群体文化尤其存在着这样的问题。面对事物的此种状态，我们就要自问为什么不去直接处理这个问题，而非要用像上面所说的那种间接的途径呢？挑战恰恰在于我们要反其道而行之，要用这个社会、文化的内部，也就是说我们内部存在着的更鲜活的内容，去取代我们在对比各种社会和文化时已学到的那些内容。可以不费吹灰之力地明白，我们这么做是要使所有会对搜集资料设置障碍或对获得的证据极尽歪曲之能事的现象大幅度减少。将一种语言译成另一种语言的困难消失了。自此以后，在处理构成同一个社会现实的不同群体的表征之间的差异时，就会变得合情合理。当然，首先要紧的是对它们互相转型的过程顺藤摸瓜，这样才能理解社会和文化本身是如何转型的。恰恰是从这个意义上来说，你们将会对社会心理学转变成当代世界的人类学心存感激之情。其实，社会表征理论一方面会对其自身转型过程的可操作性如何，另一方面，也会对它与沟通的语境处于何种关系，持考问的态度。为了使这点足够清晰，稍微再详细地说一说还是很有必要的。首先，这些表征都是群体努力超越某些困难的成果，比如说，像要让自己进入另一个群体的世界之类。无沟通性乃是表征所共有的特点，即便表征共存于同一个社会空间内。因此，它们没有其他的解决办法，只能在意象、语言和征引周围打通关节，以期减少它们之间分隔的距离。某些人认为这儿讲的是翻译。我倒更觉得这是在讲怎么把具有不同起源的内容**杂交起来**，替换道德规则或语言手段，同混杂的混合语或洋泾浜英语作对比，它们都不能算严格意义上的语言，虽然它们履行的是同样的职能。总之，这样的表征都具有社会性，从这个意义上讲，它们其实是想在彼此之间建立关联，从而使不同群体间的无沟通性成为**争议的对象**。

经常可见的是，科学理论或医学理论也是这么回事，它们所作的阐释仍旧是无个性的，或者说对个体的日常担心，对他们的理解范畴漠不关心。然而，这些理论却以普通的方式或以点及面的方式，在公共空间传播甚广，其目的就是为了对现存的实践行为施加影响，正如我们所见的，最近有关环境或艾滋病的论题就是如此。人们通常会把这种传播扩散的尝试贬之为“普及”或“宣传”，这种用词的言外之意就是指对扭曲科学认知的做法无法接受。与此同时，人们也在思考，即这样一种认知对外行人来说仍旧有部分内容是难以沟通的；然而，必须要有沟通，就算沟通的内容并未包含于它所生成的共同表征内。故而，哪怕这里是在讲一个符号公式，但 $E = mc^2$ 仍旧是和相对论相关的。我们可以说这就是边缘化群体——比如说，少数种族或妇女——所作的尝试，也就是说，这么做就是为了让大多数人理解，后者根本无法想象这些群体自身拥有的究竟是什么样的表征。

尽管如此，仍然很有可能，某个群体的表征转变成了一个共通的表征。所以，在美国，“非裔美籍人的”表征也就取代了更为古老的黑人的表征。这并不是说只是命名上的简单变化而已，而是指那些渗透至共通语言内的、影响了整个美国社会关系的意象、态度、价值观这一复杂的整体整个儿发生了变化。总之，对一个群体而言，最大的困难并不仅仅在于沟通，而是在于如何与其他群体一起创造一种表征，同时又能使之避免沟通，而且还能使其自己的世界保持原状。这种张力是透过含糊性、概念之网的流动性、语言的寓意、美国哲学家皮尔斯所说的“不确定性”特点，以及与表征相关的信仰彰显出来的。所有这一切之所以突显，是因为对人权、身体、市场，还有精神分析法的表征作了卓有成效的研究之故。

不过，若将我们的谈话仅仅局限于引起争议的无沟通性上面，就会忽视另一个如何证明它存在的层面。别人常常问我，我对“分享表征”作何理解。它的确切意思究竟是什么？我们怎么才能认识它？照我的看法，当某个个体针对另一个个体，面临危机时的行为，为失业正名或推动种族仇恨等等时所作的讲话做出评判时，都会出现日常沟通和“自发”同意的现象，所以，要确定其身份，就必须让这个表征把身上**有争议的特点去掉**。如果在所有人都将之同化吸收的某些情感或行为上没有这样的耦合性的话，那共通的生活就不可能存在。在广泛同意这种说法时，有一个理所当然的地方，即若是没有表征，那群体内部的成员就肯定仍将置身于如今的对话之外，就好像他们属于另一个不同的群体似的。这个表征规定了基耦（thêmata）[①]的特性，它们会重新出现于对话中，包含有原型动作或原型表情的迹象，以及供信息交流之用的意义。它还

① 最初是由物理学家和科学史家杰拉德·霍尔顿（Gerald Holton）为了破解科学创造过程而提出的，莫斯科维奇后在1992年于拉韦洛（意大利）召开的有关社会表征理论的第一届国际大会上引入了该词，基耦概念指的是源观念（idées sources）和文化本质，它们采纳各种各样概念的和意象的形式，成为社会认知的动态性和历时性要素，可用来构成锚定于对立体系中的表征场域［参见莫斯科维奇，1993，“讲演绪论”，《社会表征论》（*Papers on Social Representations*，vol. 2，n°3，pp.160—170）；莫斯科维奇与G.Vignaux，1994，“基耦概念”，见Christian Guimeilli（eds.），《社会表征的构成和转换》（*Structures et transformations des représentations sociales*，Neuchâtel，Delachaux et Niestlé, pp.25—72）］。

使对话中的情感、转述的事实和物质环境的价值得到了抬升。

我曾在其他场合详细论述过这些论题。在此，我只想明确说明的是，如果我们真要去设定表征，目的是为了了解自己不熟悉的东西的话，那我们这么做也是为了减少存在于我们中间的无沟通性的转圜余地。而这也就清晰地规定了表征的内容，同样也规定了赋予表征以形式的精神和语言活动。难道我们就这么害怕看待事物的这种方式？当我们阅读论述修辞学的新的修辞论的那些论据时，我们会认为再也没有比消除当今人类彼此东拉西扯沟通时的那些表征更紧迫的任务了。看来，不要让自己像完全融入社会现实的反躬自省之辈那样行事，也不要在社会现实中彼此互动，好像真的都很重要似的。现在代价来了。因为，这样一来，就得接受衰败社会的僵化阐述，而这种社会一直享有程式化的、前后矛盾的言说特权。总而言之，鉴于无人可提出质疑的言说所具有的相对自主性，所以我觉得沟通和表征之间的关系必定也是牢不可破的。

我们再更进一步。很显然，沟通的进程也是社会表征转换的进程。随着社会表征扩展到更宽泛的社会圈，它们也将和其他具有不同根源的表征混合在一起。因此，它们的特性会得到改变，以致一系列意象都开始为我们所熟知，而像黑洞、双层螺旋桨、无意识或艾滋病之类的图像也都已深入到我们的心智和当今的语言之中，而这并没有什么好惊讶的。而且，它们愈是得到流通，就愈会转换成表征的表征。某个人的意象和词语会变成另一个人征引的对象。就以病毒链为例吧：生物病毒将我们引导至信息病毒，后者将我们引导至艾滋病病毒，而艾滋病病毒又将我们引导至“种族”病毒。这个例子能向你们澄清我所说的话，同样也向你们阐明了表征链自创的那些关联。

如果我们对此反思的话，就会注意到，随着社会空间内沟通的演进，有两种转换形式值得保留下来。一方面，这也是路德维希·维特根斯坦和希拉里·普特南（Hilary Putnam）明白无误地表述过的，就是说表征之间的关联愈来愈采纳了间接的象征形式，而这是不利于直接的逻辑形式的。另一方面，这也是为了达到某种效果，让这些表征同原初的范畴和征引分离开来，从而便于将自身构建为让我们能够遴选人的素质、物的属性，或使我们能解释发生在我们身上的那些事的范畴和征引。因此，我们也就会按照蛋白质的颜色或含量来“选择”描述一样食品；我们为了解释朋友为何消沉，会“选择”使用“复杂的无意识心理”或“慢性机能不全”等这样的用语。从这些属性或解释中苛求它们说出唯一“真实的”品质或提供唯一“真实的”解释，是错误的。因为，这就等于是在说，对“什么是真实的品质”或“什么构成了真实的解释”这样的问题，我们能独立于共识的表征或我们的医学或生理学表征来做出回答。

正如我在该理论的草创阶段所指出的，关于精神分析法，需要有如下的反思：社会表征及其语言的各种要素已与我们的真正所是水乳交融，以致我们完全可以断言，它们构成了我们。如果有人问我们“什么物体构成了世界”，那回答只能是：“在什么样的表征框架内？”从古典的视角来看，表征意指的乃是转变成既定现实中的象征的或精神的内容。这也是我们一直通过象征表征或认知表征所理解的，而不管它是认知心理学还是认知人类学。即便在我们中间，说有人对某个既定的、范围圈定得很好的现象的社会表征——认同、自我、市场、环境等等都是——进行研究的说法并不稀罕，但现实当中，我们研究的仍是**活动的**现象，要考虑的是某某群体的社会表征。

有些批评让我们理直气壮地注意到，关于该理论，有的说法也确实不太对头。这乃是不争的事实。表征并不局限于对生物现象或经济现象的即刻现实做出阐释。它们会赋予这些现象以形式，并将之整合入我们的认知当中，它们在面对这些现象的时候，会将之归纳为某个限定的态度，并假定永远存在着某种和它们相关联的各价值观的整体。由此可见，它们共同构成了该网状结构令人难以抵挡的威力。于是，便有人会说这是“构造”，就好像我们很久以前就已这么做了似的，甚至还有说“社会构造”，但他们赋予“社会”一词以不同于个体之间主体间关系的意涵，而是各人有各人的解释。因为社会并非像某些人想要让我们相信的那样是偶发性的、可流通的、无伤大雅的事物。不管它是什么，反正不言而喻的是，如果我们改变自身的思考方式，如果我们将自己生活其间的世界视为共同设定好的各种表征的整体，那我们就必须重新返回到我们的社会心理学的无数层面上来，其中就包括触及到文化的那些层面。

如果你们愿意的话，现在我就来向你们解释一下无沟通性悖论的第二个版本。不同种类的表征及其同沟通形式的关系具有质的差异，由于对此采取简单化的处理方式，所以人们都会自觉同意某种类型的社会表征应是在集体成员彼此沟通时产生的，因他们完全置身于说与听的对话之中。可以说，这么做就使他们没法对交换的信息进行“思考”，没法将这些信息视为无个性的客体，而这样就能更容易地对信息内容做出阐释。因为事实上，他们都“置身于”信息内容之中，与信息水乳交融。由此可见，集体语言既非陈词滥调，亦非老生常谈。相反，正如作家罗曼·雅各布森所说的，和正规的语言相比，流行语——我引用他的话来说——“可用来当作创新、想象和创造的基础”。

另一方面，针对宗教、意识形态、科学等类型的表征，也有另一种形式的沟通来与之呼应。这儿说的是**专门化的**沟通，这种沟通有其自身的方法、自己的语言标准、自己的规则，使信息更具自主性，并体现在系统性的论说中。因此之故，只要保持一定的距离，就能容易地对这些信息做出“思考”，这和人们就自己选择的文本进行思考，重新聚合成一个首尾一贯的体系，没什么两样。换句话说，这些专门化社群里的成员，比如宗教或科学团体，均会求助于语言上的策略，以表明自己在专业上的能力，而这也都是有充分的沟通逻辑的。这样一来，便出现了表征，其两大特点就是客观性和稳定性，从而促使我们把它们看得很理想化，是所有人都同意的，亚里士多德也会说这话。

在这个如此广袤的领域内插入这么三言两语还是有效果的，因为这样有助于我们去理解下面这件事：这两种类型的表征都是在不同的沟通条件下产生的，其中也涉及到那些相同的主题。我们可以假定每个表征都拥有自身的合理性。正如专注于专门领域工作的科学家的合理性，和求助于占星术或写一篇公开发表的文章所具有的合理性就不同了。现在，如果你们愿意的话，我还想用另一个观察来补充眼下所作的观察，它和第一个观察一样简单明了。让某个群体有其自身的独创性，使某群体与他者相异，就等于是在赋予某类表征，从而也赋予了和他者之间某种形式的沟通以特权。我把这叫作**信用合理性**（rationalité fiduciaire）。信用价值观会因这样一种信念而得到巩固，正是那些和他们分享这些价值观的人给了他们这种信念。很有可能所有这一切都说得太快了。但其中并没有专断的成分在里面。因此之故，我们可以很好地理解为什么无沟通性悖论会出现在两个群体之间，因为毕竟它们所处的波段不同，而且两者都想赋予那些对等沟通的形式和模式以特权。而这并不是说一方能做到的事情，另一方做不到，而是说它并不承认有自己的行为方式和自己的价值观。归根结底，信用合理性的此种差异——我觉得，此处所说的质的差异是避免不了的——很彻底，虽然这种彻底性并未即刻就显露出来。因为如果它即刻显露出来的话，就会给群体造成差异乃是强加给它们的印象。相反，正是在这个有关信仰不可抵挡并构建了制度的例子中，差异似乎才愈益深远地扎根于人类精神之中。换句话说，无沟通性悖论源出于这样一个事实，即两个群体并未将一个看似无比自然的事情视为某个决定的结果。事实上，这种境况也完美地反映在我们日常生活中发生的那些事情上面。为了能达到严格的首尾一贯性这种特点，上世纪投入到了科学与技术的表征当中。上世纪“选择了”这些表征，是为了确保它们占据支配权，且使社会合理化。但与此同时，这些表征却在身价大跌，使普通生活和日常体验的客体饱受质疑，甚而遭人诟病。它们也曾试图在意识形态的标签下，把那些永在的信仰剔除出局，并把认知或行为模式的多样性一概抹杀，以期归结至一个独一的逻辑，从而压倒他者。你们中有些人知道我的社会心理学研究诞生之初有个明确的企图，就是想去证明科学并不能取代共识，也无法把它视为有倾向性的概念，到处都是谬误，而弃之如敝屣。相反，在将科学扩散至社会的不同领域之后，科学就有了更新自身的义务，且需尽可能地接近共识。

但我们先把过去放一放再说，还是回到现在。显然，对新的科学认知和新的丰富性的研究也产生了反常的效果，因为这种研究会不停地摧毁现存的环境，以便重建一个在某个时间段内客观有效的版本，然后再让位给其他版本。这样的研究最终会使我们远离某种好似能够解决万事万物的科学或技术，从而推着我们去寻找人类另外的参照点。由此，便出现了一种环境，它从当代最初的那些尝试中脱颖而出，有望依靠它来重建共识。而这环境指的就是一种悬而未决，却又即将来临的现实，里面处处可见意义、意图和感受。在这种流动的氛围中，共识的合理性从信用合理性当中获益良多，而后者则成了我们后现代境遇的特色，虽然它所显现的那个层面很普通、很平凡。

从中可观察到趋向哲学的企图，它在人类的各门科学中间广泛传播，目前更赢得了其自身的社会空间。与此同时，正如赫伯特·马尔库塞和于尔根·哈贝马斯的著作所表明的那样，科学和技术因受权力的污染，已被降格至意识形态那一个级别了。毫无疑问，我们还能给这个现象赋予某些动机，要比人们通常赋予它们的动机更深刻。其中，就有动机的工具合理性及其摧毁人类尊严及物理存在的效力。无论如何，我们轻而易举地就观察到这种后现代决策上的变化正在我们眼前展开，还触及到了我们的领域，亦即社会心理学的领域。但是，在这命定要在我们的文化上打下烙印的合理性“选择”进程中，这两方面所各自表达的立场内嵌于该进程的程度究竟有多深呢？对这些考虑作细致入微的区别还是有必要的。然而，这些考虑也巩固了我们的观念，即这儿涉及的乃是一个普通至极的集体进程，而且它会反复出现于我们的文化视野之中。

现在是提问题的好时机。就马林诺夫斯基（Bronislaw Malinowski）、爱德华·E. 埃文斯—普里查德（Edward E.Evans-Prichard）和吕西安·列维—布留尔留给我们的大量资料来看，所谓的原始种族之间也是这种类型的进程，而从我们现时的、即将来临的经验出发，我们究竟会走向何方呢？我们坚信的是，尽管“有一种文化，就有一种合理性”这个公式得到了一致赞同，但该公式仍应由它的另一种更激进的表达方式取而代之：“**有一种文化，就有两种合理性**。”这个公式可使我们更好地表达这样一个事实，即这些合理性并非内在于我们的物理存在中，而是由我们的文化存在赋予其特权的，而且在这两种形式间作选择会是一个永久性的任务。事实上，它们虽共处于同一个集体之中——有时还同处于一个个体之中——却拥有显然无法兼容的表征，而且采纳的也是信仰有演变过程或事实彼此对立的那些标准。不过，必须承认的是，恰是因为存在这样的双重性，我们才能在自己的文化中触及到交互表征和交互沟通时产生的那些问题。而它们要么随着空间或时间的流转被抛弃，要么就被留下来的说法，倒和其他文化所用的措辞几乎一模一样。

文化的自反性

自从我草创社会表征理论的那一刻起，我就不停地自问，这个理论在现实当中是否根本驳不倒，毕竟其他的理论规定得更详尽，完全能在社会心理学这方面将它取而代之。如果我的回答有时能让相关各方感到满意的话，那我就不会越来越觉得这个主题远没有谈到尽头了。荣幸的是，这份嘉奖给我的荣誉起到了奇异的效果，让我对自己理论的路径作了反思，于是我决定继续努力去理解在起草理论的过程中冒出的那些悖论。这便使我观察起这理论在其每个阶段同心理学和其他人文科学之间的联系究竟达到了什么程度，尤其是同人类学，特别是现时代的人类学之间的关联，而我们的轨道和像丹·斯贝尔贝（Dan Sperber）这样的人类学家的轨道已经接近起来。这个事实无足为奇，因为我们是用类比的方式来定义文化的，也就是说把文化定义成表征和沟通的集合体。但我并不排除某些社会心理学家会给这条轨道赋予截然不同的阐释，然而，其他具有相似轨道或触及我们的问题时也同样极具启示力的概念和理论，我一个都没见到。

不管怎么样，该理论使我们提出了**在同一种文化内部存在两种合理性**——两大表征和两种沟通形式——**这一假设。**

我们可以自问这种双重性对应的是什么，又向我们揭示了哪个面向。毋庸置疑的是，它和克利福德·格尔茨（Clifford Geertz）所作的阐释不无关联，照他的看法，个体制作表征和观念，将之同化至同一个文化中，他们还创造和分享意义。更有甚者，这个宇宙正是群体和个人刻意营造出来的，照理查德·施韦德（Richard Schweder）的说法，这些群体和个人也都是由不同的文化构成的。只消凭着直觉，我们也能看出这层关系的根源是再清楚不过了，即便它很难将自己表达清楚。同样明显的是，从表征和意义的独特性这个事实来看，它们显得像是一系列私属的宇宙，每个宇宙都有自己的语言和自己的生活模式。尽管如此，这层关系却并未将我们引至某个结论，而有些人却做到了这一点，如美国哲学家理查德·罗蒂（Richard Rorty）就是该理论的主要辩护者，他再三表达的是各种文化和科学范式一样都是不可公约的，因此，它们均封闭于自身，彼此之间并无直接沟通。

相反的是，我们的假设却提出，我们文化的特殊角色与社会或自然的角色并不相同，确切地说，它就是要去告诉个体和群体，在感觉和行为之间有一个自反的空间。我要补充的是，在这个空间里，这些个体都能和不同的个体或群体创造出各种同样自反的关联。而陈词滥调的说法有：没有任何一个社会体系是靠自身存在的，或自足存在的；需要敞开一条途径，与和它不同的社会体系进行沟通，而且得是同向沟通。正如人类学家罗贝尔·若兰对此所作的评论，他说当个体或其所属的群体在讲话、给自己的孩子婚配、做买卖或你争我斗的时候，他们总会将一种面向他者的关系转变成面向自我的关系，并将面向自我的关系转变成面向他者的关系。正是在这样的条件下，他们才能当个交谈者，才能当父亲或伴侣，盟友或朋友。语言存在，艺术存在，制度存在，都仅仅是因为面向他者的关系存在之故。

我并未声称要在人类学家的领地上大干一番，还是让我简单地强调一下下面这个事实吧：由于这些表征的逻辑和表面上所见的不同，我在这儿用举例的方式所阐明的内容，乃是指此种自反性阻止了文化间的彼此隔阂，不再使之囿于永久性的内心独白。这么说吧，整个文化都有义务将自己锻造成一种指代其他文化的行为与准则的表征，与指代自身的表征相对。它甚至还有办法预防因艺术、神话，有时还有宗教的偏颇之处而产生的隔阂及无沟通性的风险，从很大程度上来说，这都多亏了那个双重合理性，就是它使自身内在的自反性保持了张力。因为表征和沟通的整个体系若归结为自身，其视野就会变得片面。为了永葆活力，就必须通过对立体系的行动，哪怕是暗中活动也行，来自我规定和自我补充。这就是我们文化中科学和信仰身上发生的事，其他文化中神圣的信仰和世俗的信仰均是如此。我们很容易就能明白，若认为其中一个体系的合理性穿越了另一体系的合理性，那它们就能对伦理、规则及共同利益的先决条件持续做出批评和评论，这种情况，若换作其他方式，根本就不可能发生。因为，就我们置身于独一的表征体系来说，我们仅限于自己对该文化的主观体验来说事，根本就脱不出这个窠臼。当我们愈来愈深切地面对一个不同的体系时，我们就必须从自己的文化中提取出一个客观且自反的体验。恰是因为如此，我们才能与该表征及那些共通的价值观保持距离，并对之做出批评。那样的话，我就能坚持这样一个事实，即与大家所认为的相反的是，个体的自主性，他们沟通的自由度或对合理性的共识度并不足以引致对文化做出真正的批评，无论是从内部还是从外部来看，都不可能。从历史的经验来看，那种拥有自由选择或随意选择的表象者，毋宁说，是一种毫无根据的说法。稍后，我还会回到关于这一点的实践意义上去。

此外，大部分文化之所以都认为这种双重合理性有道理，是想以之捍卫使他们都能彼此敞开的那种自反性之故。我记得在发现个体的某些类别——先知、僧侣、探险者、人类学家等——都担当着表征他性（altérité）在场的职责时内心的震撼，因为他性毕竟僭越了他们的准则和信仰。这种召唤而来的在场犹如魔法、疯魔，或者说超验性，这恰恰表明他们的表征和他们的制度存在另一个面向。这样的一种在场，从颠倒的角度去看，其光芒四射的魔力都能在这个世界的庆典仪式上见到。它可使人对这世界拥有更完备的看法，且将之译成批评性的，甚而是奇异的语言。在地球上曾有过一个人已彻底被这观念征服，他就是苏格拉底。确切地说，他受其精灵（daemon）的影响，在雅典广场上所说的就是这样的看法。

我也曾经和其他许多人一样，认为文化就是封闭于自身、彻底分化的世界。但我现在明白了，那促使我们作如此思考的乃是这样的一个观念，即个体和群体的问题其实就是同一性的问题。然而，若是太强调同一性的话，那就站不住脚了。这不仅是因为这样的一种臆测会让人以为存在某种专属于法国人，专属于妇女等的，且完全排除其余的同一性模式，但也是因为这种推测意味着有一种特定的价值观，如对群体的忠诚，藐视其他群体，和其他群体彻底隔绝，都是生活于社群中时必须掌握的内在要素。今天，大家都同意在个体和群体以自我为中心的态度中，能找到我们大部分判断和行为之所以如此的解释。然而，我们却再也无法否认，正是自反性促使集体去彼此联合且接纳其他集体的态度，而且还很迫切：我引用列维—施特劳斯的话，按照这种态度，“陌生人就能享有异域风情的好处，表明只有自己的在场，才能提供扩大社会关系的机遇”。换句话说，就在社群贬低这些外群体（out-groups）的同时，却又因外群体在它们身上激发起的欲望和幻想而对它们推崇备至。

无论是往昔、现在，还是未来，所有的文化都有充足的理由认为自己谁与堪比。确实，情况就是如此。但在断言说这正在于它们的同一性、精神状态、种族中心论或其他类似的贡献时，实际上，它们都会从原则出发，说它们是彼此分隔的，或它们在其他社群身上发现了和自己的相异之处，而它们在这么自我规定的时候，与自反性丝毫无关。仿佛它们永久性地提出了歌德的那个问题：“若他人存在，我又如何能成为自己呢？”这个问题源起于想要独一无二或截然不同的那种欲望。因为截然不同只会揭示出其脆弱性，所以得掩盖对“自我”的痴迷，使之不致被他者洞穿。将集体记忆组合起来，将历史转变成一种使隔阂合理化的工具，这样的尝试今后永远都不会断。各种文化都不无暴力地促使其成员不要害怕孤立，要勇于面对他者存在这种难以避免的现实，要么与他者携手，要么把他者视为敌人。民俗、神话或流行的格言都在呼唤人们去作这样的面对，而不论其结果的好与坏，因为恰是由于此种遭遇的不透明性，我们才避开了孤立的陷阱。乔治·斯坦纳写道："担心（与他者遭遇）既意味着害怕，又意味着领会。这层关联维系在它们中间，起起伏伏，而这些都是诗歌和艺术的来源。"我想要阐明的这个观念既很朴实，又很难"规避"。换言之，现代物理学的伟大革命就在于它摒弃了现实之外现象的存在，而不管现象和现实之间的距离有多远，这对我们的世界观肯定会造成影响。从某种意义上讲，不可分隔性（non-séparabilité）这个概念，也就是指空间和时间里各种事件之间的互相沟通和影响，就是它用数学般的严苛性规定了此种看法。纯粹用图表的方式来看，自反性也指文化现象的不可分隔性。因此，我们终究将文化视为了"世界的场域"，而"自我"的那部分与"他者"的那部分也都共存于其间。

我很清楚这幅图像对有些人来说是无法接受的，因为他们认为对自我征引（autoréférence）、自身同一性、生活模式不可公约性的欲望才非常重要，他们会让个体去模仿上帝至高无上的重言式话语："我即我所是。"很遗憾，他们不愿去承认这一点，而且他们再也无法认识清楚，对记忆的馈赠、语言的沉积、善恶价值观的侵入、我们将之吸纳入自己的社会表征中的人的行为和非人的行为，这些概念与之互不干涉的程度究竟达到几何。换言之，它们并不会与我们想要对人类关系充满信心的渴望相矛盾。我觉得，我们越是认为自己的日常知识、所说或所听的话语的意义、解读他人意图的能力、共同分享的那些象征的价值为理所当然，这种信心就越是显得必不可少，也就是说对他人所保持的某种信赖，是建基于社群内的种种关系和事物彼此的熟稔性之上的。

更有甚者，通过其自身的同一性，它便作为主观的体验进入了精神和肉体之中，占据了居所（domus），而这里面，我们觉得居住其间的应该都是文化的参与者。因而，我们的文化犹如居所的图像表明，这是一幅就我们的生活模式而言很熟悉的建筑图，它所体现的建筑风格反映了我们共同的行为模式和对自身语言施加影响的能力。再也不会出现某些人写文章或演讲稿时所用的视之为理想的不食人间烟火的语言，而是出现海德格尔对我们说的那种语言，他把这种语言视为das Haus des Seins，即“存在之居所”，对前一种语言，我们倒是很乐意将桑丘·潘沙向堂吉诃德所提的建议用在它身上，潘沙说：“快去吃晚饭吧，吃完晚饭才有时间把想说的话全部说出来。”确实，居所就活在我们中间，就此而言，我们也活在自己的文化中间。我向你们推荐这幅图像、这个概念，是为了让你们能更好地领会现实的意义，现实只能在我们的情感、回忆、思想和行为中产生作用，non aes sed fides（不是钱，而是信任——马耳他古钱币上的铭言）。为了理解这一点，你们可以想想塞维利亚大学对你们的召唤。一个犹太人、一个阿拉伯人和一个基督徒并排走着时，感觉就像置身于他们共同的居所这一方小天地之中，你们可以想想这种情况会有什么样微妙的结果。确实，他们之所以认为居所就是自己所熟悉的那个世界，永远存在于他们之中，是因为他们以前就是这么共同生活过来的。尽管仍能想起将他们撕裂的那些悲剧性事件，他们的肉体上仍烙着苦痛的痕迹，但随着时间的流逝，他们会觉得所有的往昔岁月都显得很陌生，甚至觉得与他们全然无关痛痒。不过毫无疑问，那是一种水乳交融得令人难以触知的现实，若是有一门科学，能像我们的科学那样积极，倒真应该在这现实上下一番功夫。与此同时，由于该现实的心理学范围很明确，所以科学没法完全把它给丢弃掉。

我们的研究规划的前景

在我们这个时代，人们之所以特别容易对文化问题感兴趣，是因为它们很快就都变成了历史存在的问题。对民族的意义、外族人的权利、种族主义的兴起或对不同种族的尊重，通常都成了某种借口，让几乎处处可见的政治冲突大有可为。

于是，我们就要自问：一个国家如何才能既尊重种族的多样性，又能找到自身的统一性呢？新移民是否真的危及到了民族、宗教的同质性，或反之，新移民是否真能融入到现存的文化母体当中？欧洲社群是否能找到一种可行的解决办法，让不同的传统融入更为宽广的整体当中？所有这些诘问都表达了同一种向往。我坚信群体，同样还有个体，都渴望能在满目疮痍的历史原野上重新找到一栋自己的居所。当我们想要描述那些怀念祖国，却又明知再无可能重回往昔的岁月，也无可能重返早已不再的生活模式的人的精神状态时，祈求于追忆往昔的情感自然就有其道理。即便这种情绪加剧了本位主义的倾向（毕竟各有各的文化！），但我们仍能看到全球化的相反倾向的过程。显而易见，在这两种倾向当中作选择就成了当务之急，这几乎是一个处处皆然的现象。

许多年以来，社会心理学受所有这些运动的激发，正在开始重塑自身的进程，这些运动让任何人都无法幸免于难，而我们也不能将它们束之高阁。就在这期间，这门学科逐渐发现自己能对种族冲突和信仰冲突做出自己的解释，但让我们没想到的是它们竟然有愈演愈烈之势。除非采纳一种比我们迄今为止更开放的视野，否则我很怀疑我们是否已准备好投身至这一对社会和文化同样至关重要的领域里去。我并不是在影射表征理论是唯一能够解决这些问题的钥匙。可是，我们刚才已经看到，显然其立身之初就是在处理这种类型的问题，并以严谨的方式将一方的心理学同另一方的人类学和社会问题勾连起来。由此可见，在现在这个时刻，我们还真没看见有任何其他的理论能如此有效地将文化纳入我们的社会心理学之中。无论如何，它现在已引导我们研究规划这个问题，在这上面，还是值得稍事停留的。

为了将文化置于社会心理学中，我们通常会遵循两条众所周知的研究路径。一条就是进行跨文化对比，这样我们就能循着两种文化中的同一个现象（自我、儿童教育等）的不同变体，得到一幅有关它们相似与相异之处的色彩丰富的画作。另一条研究路径就是把文化当作一种新的语境，而对他人、因果论解释、影响力等作观察时获得的种种现象都能依此得到检视；以前，这些现象均被视为与该语境无关。照此种方法，在老的变量群上就能添上新的变量。从某种意义上说，文化心理学做不了其他事，只能把现象放在语境中对比。但，另一方面，也应该彻底放弃这些研究路径；因为它们在触及向我们提出的那些问题时，过于静态化，过于描述性。自然，基·施瓦德（Key Schawader）说要好好质疑一番跨文化研究路径在涉及文化心理学时的好处，还是有道理的。

我对此的意见是，这两条如此有名的研究路径固守的是传承自文化的概念，把文化视为不变的、同质的现实，所以，它也会对**已经确立的**文化概念心有戚戚。不仅这个传承下来的概念是错误的，而且它对我们在该领域的日常工作而言，还很不适合。了解个体用什么方式生成自己的文化，是抵制它还是掌控它，可用来证明遗传研究方法的合理性。这种研究路径可用于描述和理解**生成过程中的**文化。由于关注的是生成中的文化，所以，社会心理学就能找到机会，扩大过去狭窄的视野，将自身完全整合入当前世界最受关注的空间当中。有了这个机会，它就能从惯常的保守审慎当中脱离出来，从社会学、人类学或政治科学的角度来提出智识上的替代方案。

因此，我会制定这样一种研究路径，它能将该理论导向三个具体的层面：自反性、创造性和巩固文化。

1. 那我们就从最难，但同时也是最让人操心的部分开始。文化本质上被视为标准、规则、指示的整体，它们会指导我们怎么做我们将要做的事，怎么操控我们的行为举止。但它不仅仅是用来调控个体生命的操控的手段，把它看作是针对这些个体共同生活的关系和模态的自反性空间反而更适合。这其实是个悖论，但它在历史进程当中出现得太频繁了，在那些显然缺乏自反性的情境中，文化表现得很是恶毒。我影射的是现在的形势，如今在欧洲，几乎到处都可见层出不穷的种族隔阂、种族彼此憎恶、暴力歧视的插曲。不幸的是，在说到这一连串的事件时，感到悲观完全在情理之中。尽管如此，我们仍不能忽视的是，这些插曲同时也日益引起了一片指责和拒斥的声浪。不管愿意与否，通常，在涉及任何种类的歧视时，同时也存在着不准这么做的禁令。这个悖论乃是我们面临的问题当中的一个因素，它还会不断地回潮。因为，当涉及的并非个体，而是文化时，为了将不宽容或宽容面对面地与歧视对质，就有必要超越所谓的老生常谈或偏见来看待这个问题。尽管这些概念所涵盖的现象果真显露出了我们历史与文化的特异性，但当务之急仍是要丢弃这些概念，因为从社会心理学的角度来讲，它们起到了屏障的作用。看来，有一点清楚的是，我们再也不会将针对某些个体或群体的反应当作简单的自发行为，在面对那些不同于我们的人时，因无知或恐惧而引致的认知上的偏离再也不会发生。欧洲某些民族在对待自己与之朝夕与共了数个世纪之久的茨冈人或犹太人持视而不见或满心恐惧的态度，我们怎么能说这是合情合理的呢？同样，美国人对黑人视而不见或满怀恐惧，我们怎么可以正而八经地肯定这种做法呢？

我们再来更切近地审视一下。针对某个既定社会范畴的老生常谈都是些欺人的诳语，这对某些人来说，和理解它们为什么好、为什么不好的行为，都具有同样的重要性。因为我们执意要在它们身上看出敌视和歧视态度产生的理由。我们坚信一旦无知烟消云散，真理得以确立，对不同者的敌视和歧视态度也就会魔幻般地消隐无踪。确实，老生常谈就是欺人的诳语，它不可能不是。但这只代表了问题的一个层面。另一个层面是指那些缺乏意义、类似于词语音调的符号，同具体事物没有丝毫关联。所有这一切都意味着什么呢？一方面，我们称作老生常谈的东西只是些判断或反应而已，它们没有明确的目标，也无法应用到任何目标上去。另一方面，我们习惯于说“老套的”特性使某个确定的群体显得与众不同，或这些特性适用于该群体，而事实情况却恰恰相反。为了证明这一点，只要审视一下人们通常归之于不同群体的那些特性即可，比如来自某个特定国家的茨冈人、妇女或外国人：然而，这些特性几乎都是一模一样的。诺曼·科恩（Norman Cohn）[①]

① 诺曼·科恩，《欧洲内心的魔鬼：受捕猎巫师运动的启发所作的调查》（*Europe's Inner Demons: An Enquiry Inspired by the Great Witch-Hunt*, Londres-Chatto, Heinemann for Sussex University Press, 1975）。诺曼·科恩的这部作品分别于1993年和2000年重版多次，并被译成了法语：《中世纪的魔鬼崇拜和巫术：幻影与现实》（*Démonolâtrie et sorcellerie au Moyen Âge. Fantasmes et réalités*, trans. Sylvie

在其饱受赞誉的著作《欧洲内心的魔鬼》中指出，这些或多或少相似的特性说明的是好几种不同文化中的少数民族或宗教少数派身上的特点。事实上，这些老生常谈既空无内容，又单调乏味得令人绝望。以致人们只能认为并没有针对黑人、茨冈人等的特定偏见，但一模一样的偏见却还是**应用到了**黑人、茨冈人等的头上。自此以后，想要让某个个体相信他的偏见都是错的，它们和现实没有关系，只是些空洞的套话，是没有意义的符号，所以既真又假是不可能的，又有什么用呢？而我呢，则是进一步把它们看作是社会表征的结晶元素，是在某个特定的时间段将这些元素归到了某某群体身上去的。来举一个极富戏剧性的例子，即归到犹太人和茨冈人身上的那些特性，必然不会在罗马尼亚农民的民间传说及种族主义的神话中得到同样的对待。

我担心自己花了太多的时间去驳斥老生常谈的那套概念，它将现象的文化特性都掩盖住了，将之归结为某种归根结蒂是无理性的东西。为了具体描述这个占据我们的问题，我会开门见山地说，整个文化都拥有一种由组成它的个体广泛共享的表征。对此再补充一点，其中的每个范畴都有特定的断面，就像故事或影片中的那些人物，每个都有其自身的语

Laroche et Maurice Angeno，Paris，Payot，“Bibliothèque historique”丛书，1982）。

言、住所的类型、信仰、神话等。我们有权希望它去遵从既定的指示，这些指示很像电影剧本里的指导说明，主人公则通过模仿有血有肉的人物来演绎出这个剧本。在这样的一种表征中，很容易就能用文化上可见的标准来划定已规定好的范畴的区域：也就是说范畴的区域聚焦的是群体，群体的表征占主导地位，它代表的是和“我们”相对的“他人”和“你们”。经由这些可见的范畴，群体就将自己规定为“自我”或“我们”。美化它还是丑化它并不重要，就像法国人对德国人、葡萄牙人对西班牙人或美国人对黑人所做的那样。他们在彼此之间确立的关联具有自反性的特点，完全可以使他们赋予自身和他们的生命以某种意义。从一个不太粗糙的、清晰易懂的，有时也是无意识的方式来看，我们是将其他的个体范畴植入了文化上“不可见的”表征区域内。这些范畴并未被视为是与“我们”相对的“他人”或“你们”，而是被视为“他们”。政治上的激烈行为就是要抹杀他们的“自我”，以便将他们同人性的关系隐藏起来。就这个意义而言，他们的成员都被视为了异类（étranger），这是从该词的严格意义上来说的，也就是说不是把他们放到人类的范畴里去，而是把他们放到了物的范畴里去了。然而，如果我们想要保持同这些社会群体的关联，那就有必要将之“兽化”（animaliser），或使之物化（chosifier）。

因此，我们赋予他们的那些特征通常来说都是和自然有关的。相反，我们赋予“可见”群体的那些特征却与文化有关。

很显然，这种类型的歧视乃是非自反性关系的症状化表现，这和无知、老生常谈的判断，或者个体合理性中的过失都全然没有关系。显见，我们在观察面对内群体（in-group；endogroupe）或外群体（out-group；exogroupe）的态度时，很容易错误地将自反性关系和非自反性关系混淆起来。但更糟的是，没有将这些表征的精确度和精细度考虑在内，毕竟这些表征有时是在如此漫长的时间里锻造而成的——有可能是在哲学或科学的领域内，有可能是在平民阶层里，在日常生活中，或通过代代相传的故事和谚语——而只要社会表征继续成为信仰的对象，就会有效。

我现在终于可以来说一说显然是由你们提出的那个问题：为什么这个现象场域能给我们打开一条通往我们文化，特别是，通往自反性的通途呢？无论我们今天有多棒的动机，能使我们对历史的变迁抱有幻想，但如果我们向后看，就会观察到一个事实，即大多数文化只会对数量有限的社会群体实践有限的自反性，那我们就再也不能无动于衷了。然而，如果我们转向更晚近的过去的话，我们就会观察到**普遍的**自反性设想正在运行；也就是要规划一个共通的表征，在这个规划中，所有的社会范畴都是可见的，而且都应该被视为是与我们平起平坐的“他人”，我们也是因着他而去定义自身的。可以举一个实践生活的例子，比如我们会强调残障人、患者等均应享有平等的机会，这样的强调其实具有象征意义上的价值，且使我想说的那些话成了一种观念。（……）

在我们当今这个时代，有一点应该是显而易见的，即不要去诘问老生常谈的本质或互动性如何，而是应该提出如下的那个问题才对：我们应该用何种方式来表征其他的文化？通过整合我们自身文化中的**另一种**文化或另一个群体，我们理解了什么？它的表征是否总是会包含自满、对另一个群体的敌视或蔑视之情？通过这种类型的诘问，社会心理学就能着手对其研究的客体和主体再作规定，因为它的关注点就在于了解支配种种文化差异的重要机制究竟是什么。特别是歧视性的态度，放在今天，我们就觉得这乃是**缺乏自反性**的后果，因此，对于他人的在场，以及借助他人对我们的表征来认识自我，这种态度就成了障碍。如此一来，也就可以说说究竟是哪些主要的差异导致出现了某种怪诞的关系：随着他人在文化层面上愈益可见，自我反而变得愈发地不可见了。这儿有一个缺乏自反性的最让人震惊的例子，是我们在胡安·希内斯·德·塞普维达对拉斯卡萨斯的驳斥中重新找到的：在描述了印第安人的各种制度和信仰有多简单之后，塞普维达的结论是他们都是渎神之辈，是野蛮人，因此“根本没有理性，天生只配当奴隶”。巴托洛梅·德·拉斯卡萨斯是怎么回答的呢？他揭示出了自反性的这个效用，恳切声明理解的必要性，如果欧洲人拥有印第安人的表征，那他们也会有欧洲人的表征。因此，欧洲人就应该重视他们，尽管他们有自己的行为谱系。这位多明我会修士写道：“如果印第安各民族在我们眼里是蛮子的话，那我们在他们眼里也是蛮子，因为他们并不理解我们；他们会把我们看作是异类和蛮子。”

从这个角度来看，在如何改变同边缘化群体的关系方面，将不可见民族区域内的印第安人转变成可见民族的印第安人，就成了一个有效的手段。那些歧视性的态度则显得像是在自欺（self-deception），它是一种扩散性的文化机制，通过这种机制，个体在同占主导地位的表征相比之后，就会在他们所属群体的自反性和他们的自主程度上自欺。再举一个例子，胡安·佩雷斯（Juan Pérez）观察到在西班牙，人们已不再把茨冈人看作是有负面特点的民族，因此他们也会设法避免抱有违禁的歧视性态度。但奇怪的是，从某种意义上说，茨冈人在重新确立相异性的时候，却没像西班牙人那样用正面的方式来评估自身。我们谈论的是歧视性隐而未现、种族主义秘不可见的例子,但事实上,这涉及的就是自欺。这种类型的幻觉可使两种互不兼容的表征共同保留在茨冈人的身上。他们在进入这个游戏之后,就应该意识到自己处于什么关系之中。因为,正如萨特就此所说的:“我应该清楚地认识到这个真相,这样才能把这真相向自己掩藏起来。”可惜的是,在这个有关群体间相互关系的场域内,自欺根本就没受重视,因为它是文化中最微妙的一种手段。这么说吧,对此你们也没什么好担心的:我根本就不愿想入非非,想把它们在朝夕之间清除掉,毕竟这些观念就像老生常谈或偏见那样,用起来很顺手,而且深深地嵌入了我们的科学、我们的语言中。但从我们的理论中可以得出的结论是,被这些概念所指定的那些现象,若置身于具有启发性的语境中,也能被视为缺乏自反性,或者说被看作文化层面上的自欺。

2. 不可避免的是,不管什么时候,新的表征总会涌现出来。若涉及到的是少数种族之间、或多或少有些重要性的社群之间为着独享文化大权的野心,而开启战端的话,那我们也没什么好吃惊的。在美国,人们会谈论文化战争,那儿的政客会对某些种族的“新部族制”时刻保持警惕,那些种族的野心在遭受重挫之后,又已东山再起。联合国的大量文件都提到过一次研究，必须说的是，研究的结果无甚亮点，其目的是为了明确少数种族的文化权利。通常，我们在这种动荡之中总能看见无政府主义、传统价值观或潜在的情绪冒出头来，而事实上，情况应该说正好相反。相比其他人，你们应该知道得更清楚，这儿所说的集体，是以明确的意图，创建了它们自己的象征构架和历史构架的。即便它们会予人一种印象，觉得它们是这个文化的传承者，但对他们来说，根本就没有什么是“现成的”（ready-made）。它们必须通过持续的创造，从其“新文化”的几乎所有元素中进行选择，并将之组合起来。就算我们将它们经受过的数不胜数的压抑和苦难都撇开不谈，但我们仍然可以说我们这些社会心理学家们能在这些群体当中看到文化制造者（culture-makers）。它们的使命就是要去复兴语言，重拾信仰和生活方式，而这些信仰和生活方式仍与它们的古老原型保持着相当灵活的关系。瓦隆人的案例就是个典型的例子：我们能够肯定的是，他们确确实实造出了整个文化型式，因为他们觉得这么做乃是其义务。尽管文化型式独一性这一经典看法有其长处，但我们仍必须承认的是，如今在我们眼皮底下发生的那些事却是和这种独一性相悖的。而这是因为意图明确的创造——其中也包括创新发明——甚至还很有体系，是**有意而为的文化**，就像西方的那些种族、妇女或非裔美国人的案例那样，可以预先假定表征在未来的关系之前出现，其身份可在以后确认，或其价值观也可自由处理。而这种事，我们都是无法规避的。因此，这种表征，因没有各异其趣的，甚而截然相对的社会参与者为之划界勘地，所以具有因果功能。它之所以有这个功能，是因为此类表征——我在这儿引用韦伯的话，他对此理解得很清楚——“乃是这样一种事物的表征，一方面，它属于存在，另一方面，则属于前存在，它飘浮于现实中人（并不仅仅指法官和官吏，也指‘公众’）的头脑中，他们就是依此设定自己活动的方向的；而就现实中人开展活动的本质来说，像这样的一些架构在因果性上都具有相当的重要性，而且甚至往往占了主导地位。就它们的重要性而言，这些都是某样必须存在（或反之，不必存在）的事物的表征”。我们是不会采用任何一种简单的方法去让这些表征运行起来的。然而，在我们这个时代，似乎每一个人都在孜孜以求地做这样的事。确实，将“当地文化”和另一种“当地文化”相混淆，没有比这更简便易行的事了，因为它的存在似乎就是为了顺应于千变万化的形势，这样就既表明了人类的各种可能性有多相近，又表明了它们有多变化多端。从某个角度来看，这么做就等于摧毁了各种文化之间具有差异的观念，也摧毁了各种文化绝对不可触知的观念。

因此，我们科学上的首要任务就是要去**理解表征与实践的模式**，许多少数种族和社会范畴在尝试获取同一性，事实上，也就是文化时，就是遵循这些模式的。他们的目标是要将一个可能的世界投射出去，而个体与集体、真理与价值、权力与权利则会在这世界中联成一体，从而承诺会有一个美好的存在。我们无法忽视对固有文化的探寻对他们而言具有多大的重要性，那样的一些概念就会体现在这文化中。此种重要性堪比一两代人之前为平等或自由而战的那种重要性。自然，我认为应该让史学家，而非由我来解释我们生活其间的土地迁移不定的动机究竟有哪些。

我们面临的科学上的第二个挑战，就是要去审视**文化有可能会走向哪个方向**。事实上，有两个方向，它们都很强势，却又彼此对立。我会尽力用简便精炼的方式将它们向你们呈现出来。可以说，在一个方向上，我们催生了建立于性别、"种族"、语言群体等之上的社会运动。每个这样的社会运动都表征了某一文化的胚芽，并试图使其生活模式与文化的某个特定版本和谐地发展，比如说，这个特殊的文化版本就包含了美国文化。这些运动都共同拥有对其起源、新的开始的表征，而新的开始则使得产生一个独特的世界成了可能。它们希冀什么都是完全靠自己来达成（通过自己的那些方法，终于成功了），要具备灵活性，能清晰地表达出自身的独特性，就像各个族群所做的那样。从这层意义上来看，我们其实是在谈“性别族群”（sex ethnicty）、“青年族群”（youth ethnicity）等。它们为同一种文化创造好几个版本是要冒风险的，而每个文化因只以自身为中心，而和其他的文化相距愈来愈远。在另一个方向上，我们协助设定了文化的格局，以致传统、国家、“种族”都不再对未来构成挑战，它们只是一些简单的资料，以备参考而已。此种格局有其自身的应用领域，可使每种特殊的文化都能为他种文化所见。意欲建立庞大的沟通网、获得经济独立或政治形式的尝试，其目的并不是为了让其文化的独特性和特殊的历史消隐无踪。这些文化的目的就是要使它们的差异变得“显而易见”，在不兼容的信仰和实践之间进行调停，便于其内涵融入共通的表征之中。譬如，对我们而言，欧洲的表征就使文化的外延具体化了。但很有可能，即便像西班牙、比利时、意大利或法国之类的民族国家趋向同样的方向，但它们仍不愿将自身所有的组成部分都整合进去，使之同质化。

总算说到点子上了，我们来切近地检视一下这两个方向的意义。第一个瞄准的是**多元文化**（multiculture），就此而言，它会设想一系列版本，将同一种文化的各个要素再行循环建构一番。第二个展现的是**复合文化**（pluriculture），就此而言，它设想有一种新的架构可将民族、阶级或少数种族全部囊括其中，它们不再是原来的所是，但也不是它们想成为的所是。毫无疑问，多元文化和复合文化有其固有的目的和动力，故不应像如今的情况那样，使之混淆起来。出于显见的理由，有人倾向于本位论，有人则倾向于整体论，但他们都会受到当前历史的限定。我们的文化时代在其生成过程当中已品尝过知识之树上的果实，现在则应该抛弃普适性，因为普适性就是想让欧洲独霸世界。

弗洛伊德在一篇著名的文章里写道，在现代世界，人经历过三次严峻的打击：自哥白尼式的自主独立以来，人不再居于世界的中心，自打有了自然选择以来，人不再成为独特的物种，最后，自从有了精神分析之后，人已不再成为意识的主人。我们还想加上第四点，那就是欧洲在选定的文化等级中已呈落败之势。以致再也没人敢像黑格尔那样毫不犹豫地写下："我们的文化对其他文化中不存在的知识，有着无穷无尽的求知欲。"在该领域内，剧变的根源乃在于我们大陆对世界的其他部分已丧失掌控力。而这就是我想就该主题向你们指明的内容。作为文化制造者，我们现时的问题并未加剧，而只是变得不同而已。至于我们的科学，一方面，它们仍在构想新的文化格局，另一方面，则是为该规划设定方向，要么趋向多元文化，要么趋向复合文化，而这只能看历史的机缘如何了。

3. 最后，也许也是最棘手的部分，就是想象不出如何既能涉及文化的地盘，又不致扩大**科学**的研究领域。出于种种显而易见的理由，我们的研究领域并不会超过在认识、表征，或个体或群体的行为方面所产生的问题及获得的资料。因而，所有直接是集体的或显得像是集体的内容都会被排除在外。这些问题，不管有多么重要，本质上都不会任由其变得不完整。为什么会不完整呢？因为在科学迷思、宗教信仰、艺术潮流、音乐节奏等里面，共同的感知、分享的表征、集体行为心理学都会以“直接的”，甚或自主的方式展现出来。社会心理学难道对艺术或文学就丝毫无话可说吗？既然显然是它们使之成形的，那它们就不会进入它的研究领域吗？因为，个体并不满足于只是认识他人、对物体做出判断或寻找动机。他们也会读小说，也会听音乐，也会凝视艺术作品，且将他们的生活模式整合至审美与伦理的价值体验中。当我们想象某部小说的情境和人物的时候，当我们通过感知画中的风景或人物进行再创造的时候，当我们侧耳倾听音乐和它对我们的呼唤时，我们就会和其他个体一起拥有自己的文化。无论是经由智力还是身体，无论是以有意识的还是无意识的方式，无论是通过模仿还是改弦更张，我们的日常生活总会有一个常量。正是通过对艺术或文学的表征作这样的整合及调整，我们每个人才能将自己的个人体验归并于集体的价值观当中，然后再由集体以持之以恒的方式浸润情感和行为。这种表面上的自发性其实乃是一系列超越了我们生命的创造行为所致的结果。它们就好比是一条明亮的丝线，穿越了大部分情感与信仰，在庞大的人群当中建立起了联系。因此，大艺术家、科学家、作家的所有作品都会混合在一起，以便将隐喻、图像与格言所构成的共同的宝库全部囊括进来。

这个现象已经耗费了很多笔墨。我的抱负非他，其实就是想告诉大家，**我们**文化的社会心理学应该将其研究领域扩展至现有的疆域之外。它应该对，比如说纪录片、摄影展、电视节目、音乐演奏会、世俗神话、绘画与文学作品等感兴趣。而这并不仅仅是因为这些元素可让我们捕获集体的心理状况或时代的激情，也是因为现代性在世界、认知和对艺术的认知之间，在精英文化和大众文化之间所引入的划分正变得愈益模糊。我们不应忽视的是，艺术正在修改后现代文化的格局，在此范围之内，著名的艺术作品都能被成批地复制，文学大作和音乐大作，所有人都唾手可得，它们的传播范围之广堪称史无前例。任何一个人都会带着某种轻蔑之情谈论消费的现象。尽管如此，可获得性与传播度乃是从某个事实当中得到其现实性的，即它们因集体的参与转变了无数个体的感知或情感，从而返老还童、重焕活力。

不仅如此。和这同样奇怪的是，据证明，我刚才所提及的想要锻造某种文化的大多数运动，都不再像以前那样只想着将音乐、文学或舞蹈的观念世界和艺术表现世界**分隔开来**，而是要将它们**统一起来**。这些运动并没有从情感、审美观或风格标准那儿改道而行，而是对它们尊敬有加，有时，还会把它们抬得比纯粹的科学观或意识形态观更高。我们还记得在本世纪[①]最后二十五年中，大多数辩争或歧义都已通过音乐演奏会、艺术活动（happenings）或叙事创新而被动员起来。再怎么样，我还是认为下面这个事实有着很急迫的必要性，即我们应再次将理解文化作品及其沟通的意义当作任务来完成，直到深入至社会最隐秘的角落为止。根本上的变动还只占少数，这一点是肯定的。但，向我们提出的问题也需要我们做出改变，去超越我们学科中的那些老旧的界限。首先，所提的问题是要去了解我们的表征、言说和价值观如何才能扎根于由

① 作者的这篇获奖辞写于 1993 年。——译注

个体分享的文化现实之中。换言之，它们要经过何种程序才能转变成不可抵挡的信仰，使之支配我们的生活并赋予其意义。

简言之，照维特根斯坦的说法，就是要让独特的信仰显现出来，使得将同一种文化变形成信仰的持久的客体成为可能。否则，社会关联就会四分五裂，历史能量就会烟消云散。我这个人生性就能在这种进程中看见东方自内而外崩裂的其中一个理由。而这都是因为——许多人都注意到了这一点——社会主义观念仍旧只限于意识形态领域，而未抵达共同的精神状态和激情的更深层次之故。而这正是某个作者所害怕的，他在我们当代，已鲜见有人提及了。他就是列宁，他写过“不应将进入文化生活、道德风尚、习俗惯例的东西视之为现实”。事实情况是：就算信仰果真不再支配现实的科学认知，尽管如此，它仍会将这种现实的特征赋予认知。因此，我们在文化作品及其沟通方面开启的研究领域，就会经由另一条途径将我们带到信仰的问题上来。也会带到像休谟所说的掌控我们行为的这些“坚固稳定的”信念这一问题上来。正如我在几年前类似的环境中所宣称的，正如我每次只要有机会就仍会继续断言那样，一定要让并非研究总体文化的社会心理学，而是在具体的历史语境当中、抱着固有的历史目的论研究**我们**文化的社会心理学显现出来。换言之，拓宽其研究领域，以便充分接近当今现实，并且以整个基础科学为榜样的社会心理学完全有勇气去宣称自己的目标，并占有一席之地。

大事记

赛尔日·莫斯科维奇（1925—2014）

1925：出生于布勒伊拉（Brăila）（罗马尼亚）。

1949：获得索邦大学心理学学士学位。

1953：进入高等研究实践学院（EPHE），师从亚历山大·柯瓦雷（Alexandre Koyré）。

1961：博士论文答辩［指导教授为拉加什（D. Lagache）］；《精神分析：图像与公众》（*La psychanaliyse, son image et son public*）。

1962—1963：高等研究院（普林斯顿大学）研究员。

1964：EPHE 研究主任。

1965：欧洲实验社会心理学会会长。

1968：行为科学高等研究中心（斯坦福大学）研究员；《人类自然史论》（*Essai sur l'histoire humaine de la nature*）。

1972：《反自然的社会》（*La société contre nature*）。

1974：《驯顺之人与野蛮之人》（*Hommes domestiques et hommes sauvages*）。

1976：欧洲社会心理学实验室主任（巴黎人类科学院）。

1979:《少数派能动心理学》(*Psychologie des minorités actives*)(英文第 1 版:1976)。

1980/1995:社会研究新学院访问教授。

1981:《群氓时代》(*L'âge des foules*)。

1988:《造神机器》(*La machine à faire des dieux*)。

1989:获欧洲社会科学与社会学阿马尔菲奖

1992:《分歧与赞同》(*Dissensions et consensus*)[与多伊斯(W. Doise)合著]。

1997:《迷失岁月编年史》(*Chronique des années égarées*)。

2002:《论本质》(*De la nature*)。

2003:获巴尔赞基金会奖。

2006:《现代社会心理学的形成》(*The Making of Modern Social Psychology*)[与马尔科瓦(I. Marková)合著]。

2007:获威廉·冯特与威廉·詹姆斯奖(Wilhelm Wundt & William James)。

2010:获诺尼诺奖。